人生沒有白走的路，每一步都算數

楊熹文　著

目錄
CONTENTS

4
Chapter

優秀才是你的發言權

Chapter 1

人生沒有白走的路，每一步都算數

你弱的時候，壞人最多

一個人，唯有強大，
才有選擇的權利，才有被重視的資格，才會做出最有力、最有尊嚴的反擊。

一個二十三歲大學剛畢業不久的小女生給我留言，每個字都能聽得到委屈：「姐姐，我在一家公司做行政，這是我畢業後的第一份工作，做得特別用心，特別努力，可還是得不到同事和主管的認可，大家總是排擠我。以前讀大學的時候聽別人說，社會上什麼人都有，壞人特別多，現在總算見識到了。姐姐，你剛畢業那時候也是這樣嗎？」

如果沒有人提醒，我差點沒發覺畢業已多時，成年人世界裡的時間太狡猾，稍有不慎就有讓人荒廢生命的風險。從出國到今天的四年裡，我也有曾經滿腹委屈傷心流淚的時刻，就如同這個對人性失望的小女生，覺得天底下盡是落井下石的人；可是對比著自己與很多人的從前與現在，發覺每一個人的生命在這四年裡都因著自己的努力發生了或多或少的改變，我也同樣悟出了這樣的道理——你弱的時候，壞人最多。

我的朋友小鷗四年前剛剛成為辦公室新人的時候，幾乎每天都要在通訊軟體上聯絡我，說的話大致都一樣，無外乎是在事業的最開始受了挫。她說：「我每天最早去辦公室，打掃好環境澆好花等著同事來，有時還給元老級的同事備好一杯熱咖啡，可是恭恭敬敬端過去的時候，人家看都不看我一眼哩。」又或者，「我和經理一起加班到八點半，餓得頭昏眼花兩腳發麻還要去趕公車，可經理連問也不問我要不要坐順風車。」更崩潰的是，她說起唯一一個不用早起加班的週末，辦公室比她大兩歲的女孩如下命令一般地通知她去公司，等到她手忙腳亂地到了公司，那女孩把厚厚一疊資料丟給她，連禮貌和客氣都省略得乾淨：「哎，你幫我把這個做了吧，我家有事，要趕著走。」

四年後，她在同一家公司工作，在公司以各種理由把絕大多數女員工辭退後，她是留下的不多的女性員工之一。辦公室新人每天為她備好一杯茶，滿眼都是笑：「姐，你看這個文件怎麼做？」有時留下來加班，有男同事獻殷勤：「小鷗我送你回家啊！」她輕輕笑：「哦，不用了。」一轉眼鑽進白亮的轎車，瀟瀟灑灑地開走了。週末時她依舊偶爾去加班，卻只是為自己的團隊和業績，沒有人再敢把厚厚的一疊資料丟在她桌角，人人都嚮往著成為她。

同樣的四年前，我的朋友萍子決心去做北漂一族，貧窮時一度委屈著自己，連心都懸在半空地生活。別人熱心地介紹她去相親，對方剛坐下便已露出那條粗厚的金項鍊，一張嘴就是：「聽說你不是這裡的人呀，我有兩棟房子，錢是不愁的，就想找個女孩一起過。」後來經歷的幾次相親，比那一次更糟糕，中間人很抱歉也很直白地告訴她：「真對不起，人家說你這女孩挺好的，但就是外地人，工作不穩定，每個月薪水就人民幣三千塊錢，這成家了怎麼過呀？」她週末去商場閒逛，被專櫃人員緊跟著，生怕她順手牽羊地拿走哪件標價人民幣五百塊的連衣裙。她在距離公司兩個小時公車路程的地方和別人合租了房子，連續幾日被狂歡的樓友吵得不得安睡，她無奈之下推開門，輕聲說：「請問可以小點聲嗎，我明早還要去上班。」人家竟然斜著眼睛告訴她：「呦，有錢你就別住這兒唄。」關上門，外面又是一陣刺耳的笑。

四年後，她在同一個城市買了房，雖說只能付上頭期款，可這也是多少人夢寐以求的歸宿，別人不再稱她是剩女，而是「成功的女性楷模」，因工作結識的高品質男人讓她再沒了相親的時間。她去商場買衣服，也不用再莫名地覺得心虛，那些專櫃人員看見她衣服上的logo，笑容又堆了一層，訕訕地跟著她「您的氣質好，穿什麼都好看」。她不用再和別人擠在一個狹小的空間裡，可以晚上在浴室裡泡個舒服的澡，沒有人再吵著她，說那些令人傷透心的風涼話。

一個網路上結識的朋友阿蘭，四年前畢業時追隨男朋友去他的家鄉城市，整整半年找不到適合自己的工作，在家中看肥皂劇吃洋芋片偶爾投投簡歷，整日穿著睡衣抱緊iPad過主婦的生活，不自知已經胖到了巔峰狀態。這安逸讓她忽略了男友嫌棄的眼神，直到有一天他向她坦白自己已經有了另一人，這男人換上一副冷漠的表情，限她一週時間搬出去。她所有的財產不過一只行李箱，剩下的一切原本都依附著男朋友。阿蘭哭著挽回這段感情，在這段晴天霹靂裡幾度差點哭到暈死過去，可是男朋友嫌棄地冷眼看著她，他那新的女孩也已經大大方方地走進來，一副女主人的姿態：「呦，這位還賴著啊？」阿蘭站在陌生城市的街角，人來人往，多麼熱鬧的大都市，竟沒有一個溫暖的地方可以接納她。

四年後，她在這個城市已經扎了深深的根，把分手後的全部時間都投入到職業生涯裡，終於發現工作比愛情來得可靠。她沒有了看肥皂劇的時間，只肯把時間用於健身房和游泳池，身材好得不亞於瑜伽教練，令同學聚會上的朋友驚訝地認不出。當年的男朋友也數次來找她，熱切地說著挽回的話，她只是告訴他：「對不起，我已不是當年那個不能沒有你的人。」她已經和多金又帥氣的海外歸國男友訂了婚，無暇去顧及那段營養不良的舊戀情。

四年前我辦理出國手續，一副學生的青澀模樣，穿梭於各個公證處，在擁擠的人群中，低聲下氣地求著一個又一個人。總算出了國，生活也沒有讓我輕鬆地過，我以一個典型無依無靠的中國人著陸的姿態，半懸空地過日子。我沒有永久居留權，為了存學費在華人開的中餐館打工，主動為自己的人工費打了半折，抬頭就撞見老移民的傲慢和冷漠；我沒有錢，吃泡麵住最廉價的房子，捨不得坐公車，一個人下狠心走夜路，連遮帶掩也蓋不住自己的貧窮，只聽見「這麼辛苦還出什麼國啊」的尖利聲音，卻連個施捨分毫擁抱的人都找不到；我沒有一技之長，像浮萍一般沒有依靠，每個晚上擔憂著明天，這生活中每一件意外發生的事都如驚雷一般破壞著我的生活，那些歪瓜裂棗有幾個臭錢的男人在我身後等著買青春。

四年後我終於在國外扎根，結束半懸空的漂流生活，一個人跑到陌生的城市創業，穿梭於政府部門和搜尋新生意的路上，做自己的老闆、員工與會計，郵件裡塞滿老移民的問候與諮詢。我住在露營車裡，閒時寫作旅行，消受當地人七十歲之後才敢擁有的人生。那些歪瓜裂棗有幾個臭錢的男人退後一步，假裝高雅地談著詩，我昂起頭的那一刻，他們知道無法用金錢來收買我的青春了。

記得和朋友討論過出國最初曾經受過的委屈，朋友感慨地說：「其實我們也該知足了，幸虧生而為人，這如果是在動物界，就我們兩隻小綿羊，早就被吃了！」我心生感慨，物競天擇，適者生存的道理，到哪裡都適用，在我們殘酷的社會裡，一個人單靠直覺就知道最弱者在哪兒。

我曾經質疑過人性的殘酷，卻發現這質疑是如此無力，那些年遇見無數壞人，他們給我多少委屈，多少眼淚，令我下無數遍「以後一定要出人頭地」的決心，卻也讓我看清楚，努力是唯一解脫的方式。這生活每達成一個新的高度，彷若身邊就減少一個壞人；找到一份體面的工作得以留在異國生活，那些說著「真見不得明明留不下來還死撐著不走」的人不見了；賺了錢，那些天天說著「呦，都這麼不容易了還不找男朋友啊」的人不見了；換了好的居住環境，那些說著「這麼便宜的房租你還要天天洗澡」的人也不見了……生活用最殘酷也最真實的方式告訴我，壞人很多，是因為自己很弱，他們一眼看穿了我的窘迫。這窘迫出賣了我的弱小，它被放大、被利用、被娛樂，掩蓋住人性所有的亮點。這也讓我懂得，一個人，唯有強大，才有選擇的權利，才有被重視的資格，才會做出最有力、最有尊嚴的反擊，否則無論你逃離到世界的哪個角落，都會發現那裡的壞人特別多。

這生活中有那麼多我們看起來春風得意的人，我們常常以為這是幸運，可沒有人知道他們用四年還是十年來打磨弱小的自己，變成如今這光彩的一個人，就像沒有人問小鷗四年裡熬多少夜準備一份份資料，也沒有人知道萍子是如何拚命賺錢又省吃儉用，以及阿蘭什麼時候把別人用來玩樂的時間放進了健身房……我們唯一能看到的是，她們身邊的人似乎特別友善平和，這世界對她們來說沒有苦難、沒有艱難，只有溫柔與浪漫。

我想了很久該如何回覆這個二十三歲正失落著的小女生，最後還是刪掉了之前寫下的長篇大論，只留下這樣一句話：「你弱的時候，壞人最多。」

這幾個字缺乏溫情，看起來冰冷，卻是生存的至大道理。生活中還有更多的殘酷，需要一個人親自去理解，而我相信，這個初入社會的二十三歲小女生，總有一天，她堅持不懈的努力，會讓那些曾經的壞人，越來越友善。

生活不是只有詩和遠方，還有眼前的苟且

生活並不容易，多一點努力就多一點歡喜。

我那個坐辦公室的朋友平均每個月要有三次向我訴苦。

「親愛的，主管脾氣太臭了，我只不過忘了交一份報告，他就當眾大發雷霆。」

「天哪，我真不知道那個經理怎麼能夠做到今天這個職位，看看他處理問題的方式，明顯情商不夠。」

「覺得和身邊這群同事沒辦法相處，一個個虛情假意，明爭暗鬥，跟誰都不能交心！」

「某某某又在微博上曬旅行照了，一定是嫁了個有錢的老公，不然為什麼總是能出去玩呢！」

我的朋友每每說到此時都義憤填膺，她堅信，把她逼成這副模樣的，一定是眼前這份愛不起來的工作，雖然這份工作足夠她養活自己，但她早已對此失去熱情，每日漫不經心毫無

鬥志的狀態，已經在她的生活中循環播放了很久。此時此刻能夠拯救她的，是一張頭彩一百萬人民幣的中獎彩券，一個有錢的相親對象，或是在夏威夷海灘無休止的假期，頭頂花環，身著草裙，和當地土著男人談情說愛……她向我發誓到那時她一定是個明朗的好脾氣女人，而不是此刻這個小肚雞腸的憂愁怨婦。

可是幾乎每次訴苦過後，她又失神地說，「哎，這個月遲到了好幾次，恐怕獎金又要泡湯了，前幾天還買了一雙新款鞋子，怎麼應付下個月的房租啊……」

我的圈子很小，在生活中和微信上保持聯絡的朋友不多。可是我想若把我的通訊記錄擴大成現在的十倍，那一定也會有更多這樣的女孩來向我訴苦——對眼前的工作提不起興趣，沒一點熱情，滿腦子都是去遠行的浪漫想法，總覺得自己不適合現世的辛苦，只有住在海邊小房子裡，伴著海浪寫詩唱歌，才是這輩子該有的生活。我想這大概也是很多年輕人共有的特徵，還沒開始踏踏實實地奮鬥，便開始幻想詩和遠方，認定那裡才有屬於自己的天地。可是我們大多數人坐在辦公室裡，從主管的喝斥聲回到現實中，儘管咬牙再咬牙想要一走了之，可一低頭，打開錢包，幾張鈔票孤苦伶仃地看著你，帶點嘲諷也帶點埋怨，一點都不豐滿，它們根本無法用來支付你昂貴的詩和遠方。

我曾經也是個活得飄渺的女孩，對這樣的心態深有體會。我大學時讀英文，學校經常會有一些出國交流的活動，大三那一年我報名參加去美國三個月的項目。這項活動在同學之間很受歡迎，是因為在這三個月的時間內，學校會為我們在美國安排一份工作。在工作結束後，我們可以拿著存下的薪水，利用剩下的幾週時間去旅行。比起一般的出國旅行，這種邊打工邊旅行的方式，確實是CP值非常高的選擇。我的爸媽雙手贊成，迅速為我支付了仲介費和機票費，臨走時叮囑我：「別苦到自己。」

我們被安排在賓州的好時巧克力工廠工作，做夜班的流水線工人，工作辛苦乏味，但薪水還算公平，每週領到的工資足夠支付房租和食物，如果節省，甚至還能存夠去西部自駕遊的旅費。可是那時的我覺得，這是一份什麼工作啊？每天八個小時站在流水線前，面對一堆脂肪飽滿的巧克力，把它們包裝進千篇一律的箱子裡，再把十幾公斤重的箱子規規矩矩地堆在木板上。這種苦力，二十歲出頭的我從未經歷過，它令我手指粗糙腰痠背痛，在家時爸媽可是連個碗都捨不得讓我去洗一個，在這裡做這種工作簡直是浪費我的大好青春和才華……於是當和我結伴同去的女孩每天幹勁十足，還在計畫著「我要在這裡存夠去邁阿密度假的費用」的時候，我就瀟灑地和我每小時八美元的薪水告別，去追隨我的詩和遠方了。

我去了心之嚮往的紐約，住在離城中心不遠的旅館，每個晚上逛到時代廣場的商鋪關門。這座城的燈光從不黯淡，白天擠滿各國小販的路上，晚上到處是留戀夜色的人。我在旅館的二樓拉上窗簾，剛剛從打了烊的酒吧裡鑽出的醉醺少年，邁著東倒西歪的步伐，差點撞翻凌晨就要去趕路的人。他在馬路上高聲唱起有關青春的歌，我也瞎哼著旋律，為自己充實的青春感動。

在紐約，我在百老匯看歌劇魅影，假裝認得舞台上所有的角色；我登上帝國大廈的頂端，俯瞰城市景觀，根本分不清東南西北；我坐渡輪去和自由女神合照，在第五大道的商場試遍每一種香水……我自己的口袋空空，沒關係，背包裡還有老爸的信用卡，我拿著它去看尼加拉大瀑布，去參觀哈佛校園，去白宮門前和反戰的老人合影，去環境優雅的餐廳吃義大利麵喝紅酒……我覺得青春就該是這番模樣，活在詩和遠方中，去見識廣闊的世界，可是那時年少輕狂的自己根本沒意識到，我所得到的詩和遠方，都是來自於爸媽沒日沒夜的苟且。

後來當工廠結束工作，我的同伴拿著幾個月存下的錢去旅行，我卻和自己的詩和遠方告了別，因為老爸的信用卡早已刷空，我坐在房間裡吃泡麵，守著半空的行李箱，眼巴巴看別的同伴可以為自己支付一次西部之旅，也為家人帶上貴重的禮物。

回國之後，已經是繁忙的畢業季，同班同學早就開始各自規劃前程，那時我功課馬虎，論文普通，一張簡歷貧瘠，只有寥寥數筆。可是我這樣的女孩，竟然一點都不為自己操心，彷彿對詩和遠方上了癮，每天在寢室裡搜尋旅行攻略。我的野心很大，東亞、歐洲還是太平洋島國都想前往，騎行川藏線或是乘熱氣球這樣驚險刺激的事也都想一一嘗試。在同寢的女孩找到了工作開始實習已經拿到了第一份薪水時，我的腦袋裡裝著全世界的版圖，口袋裡卻窮到叮噹響。

回憶過去，現在的我時常有跑到過去的衝動，想把那個坐在電腦前，滿腦子天真想法的自己狠狠教訓一番，別在這做夢了，趕快去找一份工作，三個月後說不定你就能去遠方了啊。

我至今都非常感謝那次去美國的經歷，不是因為爸媽的銀行戶頭讓我見識了一小部分的詩和遠方，而是這和往後殘酷的人生相比，我漸漸意識到，自己的人生不會只停留在二十歲，生活也不會一直源源不斷地有人來買單，作為一個普通的女生，與其等待或者依附著什麼來令自己無聊的現狀得到救贖，不如踏踏實實地親手為自己創造一個浪漫的未來，有時候先安於眼前的苟且，或許就能見識到更多的詩和遠方。

後來當我再一次遠行，來到紐西蘭，抱著自此就要獨立的信念。沒有了爸媽的庇護，單槍匹馬的旅程總是會讓一個女孩迅速成熟，我發現再美的遠方，一旦到達，就有著必須經歷的苟且。為了生活，我在中餐館裡擦桌子，因為不小心摔碎一個杯子被老闆娘大聲喝斥；在咖啡館後廚幫忙，被爐子燙傷手背留下醜陋的傷疤；我在包裝廠站在流水線前做十一個小時的苦力；在酒吧裡陪客人聊天快要變成瘋狂的心理醫師；我也在一個天氣晴朗的春天被一個驕傲的女孩問起：「你這年紀輕輕，幹嘛吃這種苦，不是應該出去玩好好享受人生嘛……」

那個陽光灑在臉上的瞬間，我正在用一塊抹布努力擦乾淨咖啡館桌子上的黃油漬，忽然間想起了音樂人高曉松母親的那句話——生活不是眼前的苟且，生活有詩和遠方。那是每一次閱讀都會讓我心生希望的句子，貫穿了我大部分的青春時代，然而二十幾歲的我，那個願意靠自己的雙手創造未來的我，也開始相信另一種哲理，生活不是只有詩和遠方，還有眼前的苟且。

我從小為自己設立一個夢想，成為一名作家，有一座小房子，面朝大海，春暖花開，生活裡沒有柴米油鹽，只有寫詩畫畫。後來才知道，不是所有看起來美好的「詩和遠方」，都發生得容易。在成為作家前的村上春樹，每日忙於經營店鋪，每天記帳，檢查進貨，調製雞尾酒，烹製菜餚，只有在深夜店鋪打烊後，才能坐在廚房的餐桌前寫稿子；而寫就了一部部經典，幾乎拿下所有華語文學類大獎的嚴歌苓，在最初去海外求學的時候也有過在餐館給人洗盤子、給人當保姆照顧孩子的日子，她的臺灣雇主要求她跪在地上擦地板，她不得不彎下雙膝跪在地上，拿著抹布一點一點地擦……當我開始瞭解這人生中逃不開的無奈的那一面，便可以面對眼前的辛苦，承受自己生活中看似艱難的時刻。

出國這幾年，我的手機裡一直保留著兩張照片，一張是我銀行帳戶裡只有人民幣兩塊三毛錢時的螢幕截圖照片，另一張是我在冬日的車庫裡寫作時的照片。我不斷用它們來提醒自己，生活並不容易，多一點努力就多一點歡喜。即使生活一直艱難，總是有解決不完的煩惱，看起來彷彿明天也不會比今天過得好到哪裡去，那也不要放棄為夢想做出的每一分努力，我知道，只要堅持下去，總有一天我的詩和遠方，會讓此刻這眼前的苟且有了意義。

我想把這些話送給我那坐辦公室的好朋友，不知道這是否能讓她生出奮鬥的力量。她會不會把那個從雜誌上剪下來的夏威夷照片貼在桌面上，開始為這個夢想踏踏實實地奮鬥，不再遲到，準時交付任務，努力獲得上司的認可，向同事學習工作技能，好好建立自己的儲蓄……而在未來不遠的某一天，我希望她真的會降落在夏威夷的海灘上，頭頂花環，身著草裙，和當地土著男人談情說愛，做她期待成為的明朗好脾氣女人，活在今天這苟且換來的詩和遠方裡。

女孩，你窮不是因為你爸媽

人生可以追求，但切莫攀比；
你虛榮可以，但一定要靠自己！

我幫朋友大白整理行李，這是她今年不知第幾次搬家。為了省下一筆昂貴的住宿費，大白從一個附浴室和廁所的房間，搬去一個遠郊的偏僻老房子裡。她把所有行囊塞進那輛掉漆的二手本田車，大包小包緊緊貼在車窗上，油門一踩，鍋碗瓢盆叮噹作響，那是她全部家當奏出的交響樂，彷彿正唱出一場悲壯的遷徙曲。

大白搬去的新家，整個房間只裝得下一張單人床，簡陋的鐵皮床架抵著發黃的牆壁，天花板的角落裡藏著斑斑黴點，腳底那層被磨得薄薄的舊地毯，散發出日積月累的咖哩味。我環顧著整間房子廉價又陳舊的擺設，餘光碰撞著五十幾歲的女房東。那個乾癟瘦小的印度女人，像是一顆失掉水分的果子，有著枯柴般的手臂和鷹一般的眼睛，在一棟年久失修的房子裡神出鬼沒。

這大概是紐西蘭最冷的一個冬天，窗外的雜草也蒙上一層霜色，破舊的木房子在狂風中吱吱作響，我擔憂地問大白：「這地方看起來那麼冷，你確定要住下來？」大白沒空抬頭看我，麻利地在鐵架床上墊上幾層褥子，順手往窗沿邊擺了一株多肉，嘟囔說：「這樣就好了，看起來暖和多了。」

那株多肉，姿態茂盛地生長著，還真有點春天的味道。

幾個月前大白突然和我說，她終於存好讀書的學費，可以實現在國外讀書的心願了。這個九〇後的女孩，一年前拿著打工度假簽證，一個人飄洋過海來到南半球。她在曝曬的天氣裡摘過櫻桃，也在零度的冷藏室裡包裝過奇異果，在日本料理店「姨拉下姨媽傘」（註：日語「歡迎光臨」諧音）地招待過顧客，也在爆忙的咖啡館裡連續八個小時不停地製作咖啡，拚命地賺錢，只為了實現出國留學這個單純的夢想。

我和大白在同一個屋簷下有過短暫的交集，此後便維持著一段長久的友誼。她是我見過的最坦誠而努力的一個人，性格剛烈，樂觀上進。我們在彼此最艱難的時刻相遇，在那個樓友來了又去的房子裡，倚在夜晚的陽台上，分享過很多心事和憂愁。

大白家境不好，母親失業多年，父親是普通工人，她從大學開始就沒再向家裡要過錢。畢業之後，大白看著同班富有的同學出國就像出門乘涼般簡單，雖然羨慕，卻只能找一份踏踏實實的工作，一邊為自己的未來算計，一邊堅持從中抽出一部分，孝敬辛苦了一輩子的爸媽。她兢兢業業把一份工作做了三年，才累積出一個出國看看的機會，大白辦好簽證，往大衣口袋裡塞了兩百塊紐幣，只帶了一張單程的機票，她調侃自己——「夢想沒有回頭路」。

出國的日子是辛苦的，大白一個人，最苦的時候住倉庫，吃老乾媽配白米飯，常常要無間斷地工作十幾個小時，可是再難的日子都還不忘給爸媽的戶頭裡匯錢，從未聽到過她對命運的抱怨，用她的話說：「既然家境不好，那就要努力要家境好起來啊！」她的姿態坦蕩誠懇，完全不像我身邊另一群女孩，看見同齡女孩子背著名貴的包包，擦著名牌的香水，可以隨意進出昂貴的餐廳，就用那虛榮又懶惰的聲音抱怨著：「哎，瞧瞧人家爸媽，我怎麼就沒有人家含著金湯匙出生的命？」

大概是因為貧窮又努力的緣故，我和大白的友誼特別深刻，對彼此來說都是勵志的存在。我心領神會她為了省人民幣三塊錢公車費而走路一個半鐘頭的時刻，她也完全懂得我從打工的餐館把員工餐裝得滿滿的，只為把晚飯錢存進微薄的戶頭裡。她知道我熱愛寫作，不要臉地相信未來的自己成為一個大作家，而我也總是看到她數錢的背影，那些鈔票乾乾淨淨，一張接著一張，讓人相信總有一天它們可以鋪向一個女孩光明美好的未來。那一年我們是那麼地貧窮，她窮到牛仔褲的破洞越來越大也不肯換條新的，我窮到交過學費銀行戶頭裡只剩下兩塊多紐幣，可是我們卻依舊相信，這生活一定有好的東西，慢慢慢慢地在到來。

偶爾有富裕又虛榮的女孩帶著嘲諷的語氣問大白：「哎呦你這麼拚怎麼也不給自己買

幾件像樣的衣服啊？」也有猥瑣的有錢男人想用金錢換取她十年的努力，想趁機去摸她的大腿，可是大白始終把頭揚得高高的，把所有的嘲諷和誘惑統統擋在自己的生活外：「這麼好的青春，讓人忍不住想好好努力啊！」

有人說好女孩應該是一株朝陽的向日葵，我想了想，似乎不是所有好女孩都有機會做一株向日葵，如果你不能，那就做一個像大白一樣的女孩吧，做一個永久的太陽，製造屬於自己的光束。

幾週前朋友S和我說，她那個去澳洲留學的表姐，今年第三次回國了，理由是「特別想念爸媽做的那盤紅燒肉」。作為一個薪水階級家庭，S的姨丈阿姨為了女兒的回國機票吃了半年的水煮白菜。儘管這樣，他們還是盡力去滿足女兒的全部心願，表姐拎著兩個空箱子風風光光地回來的時候，S看見滿頭白髮的姨丈立馬遞上一張信用卡：「女兒，想買啥就買啥去！」也看見蒼老的阿姨攙著女兒的胳膊，心疼地說：「孩子你又瘦了，想吃什麼，媽媽準備了好多好吃的給你！」S說，表姐不只一次和她抱怨：「妹，你可不知道姐這幾年受了多少苦，同學都是有錢人，人家一件衣服就一萬刀（編註：刀，美元dollar的諧音），天天紅酒牛排，那才是青春啊！我只能買那些雜牌的衣服和化妝品，開一輛二手破車，我怎麼就沒有人家那樣的爸媽呢？」S看著表姐唾沫飛揚，拚命忍住想說的話，就連那些雜牌的衣服、化妝品和那輛不怎麼樣的二手車，也是姨丈阿姨不斷壓榨自己存下的，她親眼看見阿姨衝著偷偷抽菸的姨丈發火：「你就不能把那菸錢省下來，給小芸匯去啊！」

我為了存學費在小餐館裡端盤子的時候，認識了一個十八歲出國留學的小女生。爸媽為她安排在一戶外國家庭住宿，每週奉上厚厚的銀兩。外國家庭對她非常友好，每日為她提供晚餐和零食。她卻不願意融入他們的生活，常常拒絕這樣的晚餐，在外面的餐館狂妄地消費。她看著我為打工和讀書整日忙碌，不只一次地問我：「你那麼好的年紀，應該出去逛街、旅行的啊，你爸媽都不給你錢的嗎？」

我無言，她說這話的時候，我已經二十二歲，早已不是依賴父母的年齡，連我鄰居那十八歲的大女兒都在用整個暑假打工，每週準時為父母送上補貼。我的內心酸楚，如今有多少中國年輕人，已經習慣用父母的金錢為自己的生活和夢想買單？

當我說起我鄰居的大女兒格蕾絲新買了一輛深綠色的二手日本車時，這個十八歲的小女生，扁著嘴：「切，那是什麼破車啊，我讓我爸給我買新車，要歐洲牌子的！」她說這話的時候並不知道，那個金髮碧眼的小女生花了整個暑假在酒吧裡端盤子，腦袋揚得再高那也是她應得的闊氣，這才是年輕人應該有的樣子啊。

幾天前朋友發來一段影片，標題是「少女當街毆打母親，女兒要錢媽媽不給就打」，我看著那個年輕的女孩子和她的同學把那個可憐的母親踢倒在地，不停地辱罵和毆打她，止不住地流眼淚。我們的年輕人都怎麼了？

我聽過的一句話就可以讓人哭出來的段子是這樣的：一天賺人民幣八十塊錢的爸爸給女兒買了支 iPhone 手機，人民幣七千多塊，爸爸從頭到尾沒有笑過。有人感慨著，今天有多少做子女的，既要美國式的自由，又要中國式的寵愛，卻沒有美國孩子的自立，又失去了中國傳統的孝道，索取得太過隨意甚至理直氣壯。人生可以追求，但切莫攀比；你虛榮可以，但一定要靠自己！

我那個在北京生活了兩年的朋友，有一天忽然對我說：「喂，你現在在國外能自給自足嗎？」

我說：「可以啊。」

她驚訝了一下，又繼續說：「哦，我在北京和人合租，房租還兩千五人民幣呢。每個月爸媽還要補貼我兩千塊人民幣，我才能活下去。」

她頓了一下，又說，「哎，你還記得某某某嗎？她爸媽給她在北京買了一間房，又安排了一份朝九晚五的工作，真是嫉妒死了啊！」

我看了她的社群動態，今天去喝星巴克，明天去看最新電影，後天去日本料理餐廳吃到整桌鋪滿。我想起幾年前她拖著行李箱說要去北京好好奮鬥，不禁感慨如今有多少年輕人打著北漂的幌子，卻糟蹋著父母的血汗錢，竟還抱怨著為什麼自己不能過上衣食無憂的好日子。

當我們在責怪可憐的爸媽的時候，是不是應該捫心自問，你窮，是不是因為自己一直都不夠努力？

女孩啊，我知道這生活一定有它不公平的地方，當你看到那個二十幾歲的朋友突然開上一部嶄新的車子，而你只能在加班後的夜色裡獨自等公車，在破舊的出租房裡入眠，請相信我完全理解這是一種多麼難過的落差。我從很多這樣艱難的時刻走來，也親眼看著生活一點點變好。你也許會感慨人的命運是何等的不同，也許前路茫茫不知是否可以通向光明，可是女孩，我告訴你，你才二十幾歲，那麼年輕，青春給了你天不怕地不怕的勇氣，就是要你去努力，要你去堅信，一窮二白有什麼關係，穿廉價的衣服又怎麼了，開一部爛車又如何，租不起好房間吃不起像樣的晚餐又能怎麼樣？你不需要因為自己如今的艱難和別人的嘲諷而介意，因為總有一天，你會依靠自己，成全你全部的夢想。

很多年前我因為這樣一句話而淚流滿面，你賺錢的速度要趕得上父母老去的速度。但願我們這一代的年輕人，還有人願意相信這句話。

大學畢業後堅持學習有什麼用？

知識是你的底氣，是你的修養，是你的殺手鐗，是很多人嘲笑你質疑你反對你時，你可以用來證明自己的最有效的武器。

我出國最初，拿著打工存下的全部錢去讀書，銀行戶頭一度只剩下人民幣兩塊多，那時幾乎身邊所有人對這件事都持反對態度，「為什麼要讀書呢？大學都畢業了啊，抓緊時間去賺錢不是更好嗎？」我嘴上堅持，心裡也有我的顧慮，這樣決意奉獻給學習的又兩年青春，意味著我要把每一分鐘都賦予用途，白天去上課，晚上去打工，半夜寫作業，光想想那即將要缺失的大把睡眠，和要靠不停打工來生存的日子，就知道這絕對不會是一條太容易的路。

這樣的日子很快到來，學習和生活一切順利，卻也萬般辛苦。很多時候從學校放學要背著書包一路狂奔才能趕得上餐館開工的五點半，做工時一邊收拾著桌上的碗筷，一邊腦袋中還默念著會計公式，沒有顧客的時候別的同事在玩手機說笑話，我蹲在廚房的角落裡寫著第二天課堂報告的構思。

有一次下班太晚，老闆送我們幾個員工回家，我家是最遠的，和他同行了好一段。一向沉默嚴肅的老闆突然打開了話匣子：「看你每天又上學又打工的，就想起我年輕時也有過這樣的日子啊。我那時候剛工作，表現很好，公司派幾個人去進修，每個週末去學校上課。那幾年一邊上班，一邊操心讀書，週末沒睡過一個懶覺，為考試晚上熬夜的情況也時常有。一起進修的同事裡，最後只有我堅持了下來。過了十幾年，我計畫出國的時候，移民官要的第一個資料，就是學歷，身邊那麼多想出國的人，就只有我一個人出來了，我當時可都三十幾歲了。」

下車的時候他又叮囑我：「妹妹，趁年輕多學點什麼，別怕現在辛苦，很多現在你覺得用不上的東西，以後都會在關鍵時刻發揮作用。」

後來我順利畢業，這兩年學習的作用就一點點顯現了出來。和別人一起去應徵喜歡的工作時，人資只留下了我，因為他的第一個問題就是「你的學歷是什麼」；申請工作簽證的時候，很多朋友申請失敗無奈回國，移民官卻沒有刁難我，因為我手裡拿著貨真價實的本地文憑；後來擁有自己的一份小生意，開始寫發票申報稅目，不必花錢去請會計，自己做起來也得心應手，那一刻就明白當年在大學畢業後再學點什麼的堅持，並不是別人說的「無用功」。

我觀察過身邊三十歲左右的朋友們，生活大多過得忙碌充實，卻很少有人堅持學習，一年也讀不完一本書，上學時用的英文幾乎忘光，愛寫作的習慣也都放棄。這總是讓我感慨，很多年輕人放棄自己太早了，人生還有很長的路要走，為什麼就不肯相信自己可以成為一個更棒的人？

每當我聽到有人說：「哎，我都快三十了，結婚了也生孩子了，生活現在也挺好挺穩定的，還學什麼習？」我都覺得特別惋惜，那麼年輕那麼有潛力的一個人，怎麼可以這樣輕率地限定自己人生的擁有？怎麼能確定自己以後不需要跳槽不需要加薪？怎麼能確定以後不被公司派去接待外賓不出國旅行？而又怎麼確定你的孩子，不會在未來的某一天揚起臉天真地問你：「媽媽，你怎麼什麼都不會？」

這兩年搬家多次，見過很多國外的家庭主婦，我發現一個值得深思的現象：她們除了做飯洗衣服照顧孩子，大多在生活裡留下屬於自己的一小段時間，用來提升自我。我認識的一個韓國主婦，孩子上小學後她報名讀護士課程，每晚哄孩子入睡後，自己在客廳裡啃課本寫作業，今年畢業的時候，她順利找到一份護士的工作，完成了從家庭主婦到高薪護士的人生轉變；另外一個朋友，生了孩子後就在家做全職家庭主婦，不甘心生活裡只有洗衣煮飯，於是跟著網路上教程學習手作，雖然過程辛苦，常常要趁孩子睡覺的時候才能構思創作，但堅持了一段時間後，她的網路商店，也開始有顧客的頻頻光顧。

我一直是個愛學習的人，堅信任何知識都有能派上用場的那一天，因此畢業之後，即使生活忙碌也堅持尋找新的知識。我常年在車裡放日語光碟，塞車的時候就跟著重複讀單字練句子；我看英文電影看英文電視，看到不會的詞彙或者優美的句子馬上記下來；我去學製作咖啡、學調酒、學一切令我著迷的文化；我讀很多書，不管是小說傳記還是心理學；很多人覺得學起來麻煩，或者學也沒有用的東西，我都為自己堅持了下來。因為我心裡還有很多的夢想，我想去日本賞櫻花，去歐洲看一看古老的建築，在遊輪上品一杯甜澀的酒，也想寫出禁得起時間推敲的好文字。我非常相信，人生是個厚積薄發的過程，我願意透過不斷的學習，看到每天進步著的自己，一點點去靠近那些看似遙遠的夢想。

「知乎」上一位朋友問，工作用不到英語卻堅持學英語，有意義嗎？她解釋自己在小城市裡教書，身邊沒有說英文的人，自己堅持學英文兩個多月了，這種想法遭到很多人的恥笑。

網友給出了很多回答，其中有一個真實的故事。一位網友說，自己的表舅工科畢業，有一份公務員的鐵飯碗，有車有房生活穩定。旁人看起來這生活已足夠富足，表舅卻堅持學英文，看國外電視，拿著電子辭典啃外文書，所有人都覺得沒有意義，對於一個小公務員，出國讀書或者工作幾乎就是不可能的。可是他就這樣堅持了幾十年，就在快退休的時候，單位有一個公派去美國的機會，托福要求過六十分。表舅用一個月的時間，托福考到了一百一十分，就這樣爭取到出國的機會，後來老婆兒子也得以跟著他到美國生活讀書，他那幾十年的

「無用功」就變成了人人都羨慕的人生轉機。

還記得湯唯在拍《色戒》後被封殺的一段時間嗎？她帶著全部身家去了英國。在那裡，她去語言培訓班攻英文，為自己設立目標，要拿到藝術學校的全額獎學金。後來她苦練英文，從零基礎到運用自如，這令她得到與英國影視界資深人士合作的機會，為自己創造了翻身的可能。當她再次出現在觀眾的視線裡，站在國際舞台上說著一口標準流暢的英文，台下響起雷鳴般的掌聲，這幾年的不斷努力，就成為她最完美的反擊。所以不要覺得學習是無用的，很多時候，知識是你的底氣，是你的修養，是你的殺手鐧，是很多人嘲笑你質疑你反對你時，你可以用來證明自己的最有效的武器。

我自始至終都覺得，有很多機會不是等你準備好才出現的，有些人之所以能夠在人生中獲得成就，是因為當機會來臨的時候，他們已經是準備好了的狀態。就像蔡康永說的，十五歲覺得游泳難，放棄游泳，到十八歲遇到一個你喜歡的人約你去游泳，你只好說「我不會耶」。十八歲覺得英文難，放棄英文，二十八歲出現一個很棒但要會英文的工作，你只好說「我不會耶」。人生前期越嫌麻煩，越懶得學，後來就越可能錯過讓你動心的人和事，錯過新風景。

我特別喜歡聽到身邊有人和我說「週末報了個英文班」、「我正在考會計資格證」、「我學瑜伽呢」，每每聽到這些，就覺得自己身體裡的正面細胞都活躍起來了，也跟著躍躍欲試著什麼更好的挑戰。看著他們生活積極，態度認真，一點點進步著的優美姿態，就不禁感慨，這才是鮮活的人生啊。也許十幾年後，我們都成了心事重重的中年人，能讓那時的我們拉開距離的，就是從現在開始不間斷的自我學習，無論是學一種語言，一種技能，甚至堅持讀書堅持寫作，或許都能讓我們的人生因此擁有更好的發展。而每當想到這裡，我的內心都會充滿動力，看著腳下的路，忍不住告訴自己，女孩，人生路漫漫，請繼續加油吧。

自律帶來的自由，
恰恰就是掌控自己生活的能力。

不行，就用兩倍的努力

從明天開始加倍努力，就不信沒有升職加薪的那一天！

早些年就聽說過一萬個小時定律，在《異數》書中，作者葛拉威爾指出，要成為某個領域的專家，需要一萬個小時，按比例計算就是：如果每天工作八個小時，一週工作五天，那麼成為一個領域的專家至少需要五年。這就是一萬個小時定律。

於是我便鑽牛角尖般驗證，心裡暗自算著，若把此生所有寫作的時間加起來——那十幾歲就開始的練習，多年從週末裡省出來的時間，以及如今這直到二十七歲都這般堅持——大概早過了一萬個小時。可我不得不非常遺憾地認知到，這一萬個小時並沒把我變成這個行業的頂尖人，更加坦誠地講，置我於文字的行業中，我大概連個庸人也算不上。若想證明這一點，只需要隨便翻閱幾個微信公眾號，打開其中任意一篇文章，就能看到一大票年輕我接近十歲的女孩子，在大學宿舍的被窩裡捏著手機於睡前感慨一番，那才氣都抵得上我這些年所有的努力。

記得有一日看到一個文字創作的聰明女孩在網路上說「一上午只寫了三千字……」我更是覺得才氣欠佳，我常常花一天寫兩千字，再刪去一千字。這一天磨下的一千字，讓我像那拉磨的老驢，從早到晚一刻不停地轉著圈，最後主人能握在手裡的糧食，就是那麼可憐的一小把。我總是心虛地關了年輕作者的文章頁面，重新回到我的書桌前，這世界充滿輕輕鬆鬆就勝利的人，我更不能輕易就懈怠。

朋友和我談起一份做了兩年的工作，言語間盡是失落：「我覺得自己也不是不努力啊，主管下達的任務準時完成，每天都加班到很晚，為什麼這麼久薪水還是區區三千多塊錢人民幣，也看不到什麼職業上的發展，到底是為什麼呀……」

我們沉默許久，她忽然補上一句，「可能還是不夠努力吧！」一句話像是找到了問題的解藥，連電話裡都能聽得出她的神色亮起來，「從明天開始加倍努力，就不信沒有升職加薪的那一天！」

我絕對理解她的心情，在我人生中的前二十七年，我覺得自己在很多事情上都看見了「不公平」。我就是那種不怎麼幸運不怎麼聰明也不怎麼漂亮的女生，買彩券一個號碼不中，喝涼水都要長胖，沒有什麼先天的資質和後天的才能，不單單是在寫作上要花很多力氣，生活中對諸多事情的努力也彷彿缺乏回報。

有一次同學聚會上，大家各自說起對每一個同學的印象。說到我時，大家給出最多的答案就是：「功課好，聰明。」甚至當年的同桌都拍著大腿表示極力的贊成：「對呀，我們那年都一樣學習呀，不聰明怎麼會拿高分數？」我驚訝地發不出聲，「聰明」從來都不是屬於我的描述。我握緊手中這啤酒，酒精帶我回到十五六歲的那些日子。

我那時成績總是在班級中的前幾名，老師器重，同學羨慕，爸媽欣慰。可是否有人發現過——我中午從不捨得午睡，全班黑壓壓倒下去一片，只有我一個黑腦袋還拿著筆搖搖晃晃；我甚至不會在課間走出教室，我坐在喧鬧的教室裡，硬是給自己劃拉出一點安靜用來做數學題；我熬到很晚才睡，十幾歲就開始和咖啡做伴，電視從不是我生活裡該有的內容，我點一盞燈，伏在書桌上，實在扛不住就睡五分鐘再懊惱地重新坐起來；我五點鐘起床，不等眼睛睜大就抓起枕邊的英文課本背單字，偶爾瞌睡著幾分鐘嘴中也念念有詞；我每天早晨坐公車上學，去車站的十分鐘步行，都要把歷史重點知識寫在手心裡，邊走邊背誦……我經常看到「天才少女」「天才少男」的新聞，只能嘆一口氣，接著背上我那十幾公斤重的書包，去熬那熬不完的夜和永遠起得不夠早的清晨。

這樣的「聰明」，是有代價的，而有代價的，我的生活中又不只這一樣。

我和一個朋友曾在一起住過兩週，每天一同吃晚飯。我們吃的食物營養均衡，搭配合理，絕對稱得上是健康飲食。朋友的食量大概是我的兩倍，吃起來甚是凶猛，兩週後居然提著自己的牛仔褲說：「咦？怎麼又瘦了？」我小心翼翼地上了體重計，希望一樣的結果出現，可是呢，天知道是什麼讓我在短短的兩週內長胖了四公斤！

一百五十八公分的我曾經一度胖到六十一公斤，更可怕的是，我那時生活辛苦四處奔波，一天只吃兩頓飯，晚餐常常略過，還會以一個小時的散步當作日常運動，體重依舊穩定著上升，於是每次只能看著身邊四十幾公斤從不運動從不節食，少吃一頓就瘦一公斤的閨密羨慕無比，一度只能以發福的鳳姐說過的「過勞肥」當作安慰。直到某一天我再也受不了緊繃的牛仔褲，於是下決心以跑步減肥。將近一年的時間裡，每天至少跑五公里，吃三分飽，出門聚餐只敢喝一肚子溫開水，這樣才瘦到了五十公斤。直到現在我還總是被調侃，「你是我見過最胖的素食主義者。」我趕忙在臉上掛一份大度的微笑，心裡卻暗暗委屈，天哪，我吃素，食量小，每天跑七公里……

我想起村上春樹說起自己如何開始跑步，「三十三歲那年秋天決定以寫小說為生。為了保持健康，我開始跑步，每天凌晨四點起床，寫作四小時，跑十公里。」他說起自己戒菸後需要靠跑步來減肥的煩惱，又談論起自己的妻子，「我是那種容易發胖的體質。我妻子卻無論怎麼吃也胖不起來。這讓我時常陷入沉思：『人生真是不公平啊！一些人無須認真就能得到的東西，另一些人卻需要付出很多才能換來。』不過轉念一想，那些不費吹灰之力就能保持苗條的人，不會像我這樣重視飲食和運動，也許老化得更快。什麼才是公平，還得從長計議。」

這樣想來，世界才變得有些可愛。也許正是因為每天要跑步才能保持身材，所以漸漸就養成了自律的好習慣；也許正是因為要犧牲很多睡眠去得到一個尚好的成績，所以才意識到去實現一件事的辛苦而倍加珍惜所得的一切；也許正是因為寫作起來很吃力，所以才拚命告訴自己一定要靠毅力堅持下去。生活到底公平嗎？這是一個禁得起長久討論的話題，我可以一邊給出「很公平呀」的答案，也一邊覺得它沒有那樣善良，總讓一些人受著平白無故的苦。這樣想著，也思考，即便這生活有時是不公平的，這不公平與公平之間的偏差，也總是可以用多一份的努力去填補。

這一路上，不僅有自己才氣的缺乏，還有別人時不時覺得我才氣缺乏，我走得辛苦，且須頂住一切壓力。我至今覺得，這不肯服輸的倔強脾氣，幫了我太多的忙。每每總有人說，「你都二十七歲了，怎麼還能做個浪漫的夢想主義？」不對，我從來都堅決反駁，我只是活得單純，肯相信，只要付出足夠多的努力，就一定能夠實現夢想，它也許會比別人的來得晚一點，但想著它總有一天會靠自己的雙手得到，那晚一點到來又有什麼關係？

這世界有時令人失望，我不能做個生來就會唱歌跳舞的人，也沒有天生就帶著寫作的才能，更沒有易瘦的體質，也沒有時不時的運氣，但每當重新坐在寫字桌前，我總是安慰自己：「你看，每天堅持寫很多字，這樣再寫四十年，寫得再差的文字也能夠變得好一點了吧？」我用這樣的道理安慰著自己更多地方的「不聰明」，只肯相信，沒有實現夢想的原因，只有不夠努力。上天給了一部分人天生的才能，也賜予另一部分人不怕輸的勇氣，它讓我擁有堅持，自律，充滿希望的品質，讓我相信夢想這條路，只要踏踏實實地走下去，就一定有到達的那一天。

有一個失落的小女生這一刻在網路上問我：「我特別熱愛寫作，成為一個作家一直是我的夢想，可是投稿了那麼多次，編輯也還是給我回覆『抱歉不採用』！看來自己真的是沒才華，這輩子也沒辦法成為一個作家了！哎，我該怎麼辦呢？」

夢想這條路上，最怕你有走不下去的預見和隨時回頭的準備。

多想回覆你：「怕什麼，這人生還長久，不行，就用兩倍的努力！」

我的努力遠遠多過了我的才氣，真不知道這是幸還是不幸。

窮對一個人的改造作用有多大？

上天是公平的，祂讓我們這大好的青春窮著，卻給了每一個人闊綽的決心。

小時候我總嫌棄媽去超市時仔仔細細看過每一件商品的價格標籤，又常常大著嗓門在路邊和賣水果的小販計較著幾塊零錢，覺得那是「婦女」專屬的一種神態，發誓今後的我一定不要老老實實地繼承。可是時間走到了這一年，若你把生活定格，就會發現很多時候的我，簡直比「婦女」還「婦女」，明明恨不得用放大鏡看過每一件商品的價格，還要在結帳的時候厚著臉皮和收銀員說，「噢，這個沒想到這麼貴，還是不要了吧。」「噢，對不起對不起……」甚至還要在結帳後懊惱地想，「若是等到週末早上農夫市集開張時去買，說不定會便宜許多。」

如今的我，那副擰著腦門精打細算的神情，和十幾年前在街邊和水果販子大聲嚷嚷的媽完完全全地重合在一起，她火眼金睛的比價能力和口若懸河的殺價技術，我甚至比她更勝一籌。十幾年前那個抱著肩膀袖手旁觀一場場殺價戰爭的少女，那副瀟灑的脾氣哪兒去啦？

哦，她那脾氣挨了生活的幾記巴掌，再跌入幾次泥潭，然後被現實打磨得乾乾淨淨。

我剛剛出國的時候，過了一段極苦的日子，後來把這些經歷寫下來，竟然還成為了一本書，有了大家的包容和支持，這善意的關愛一直讓我受寵若驚。在整個創作過程中，這些窮苦的日子都是一邊唏噓著一邊回憶起來，總是會出現寫不下去的地方，因為那曾經吃了太久的泡麵一旦出現在腦海中就會讓我反了胃，那曾住過的四面透風的出租屋在心裡浮現又再讓我感受了一遍記憶中的那份冷。有一天看到網友留言，心裡落寞，他說：「看你寫自己曾經每天只吃泡麵，你難道是想教育年輕人都這樣做嗎？」不久過後，有朋友回覆他：「可那是艱難的時候，人能做出的最好的選擇了。」我對著螢幕抹眼淚，差點大哭出來，世間有兩種「我懂得」，一種是因為「善良」，另一種是因為「經歷過」。

我對窮沒有偏見，沒有抱怨，當初一個人獨自出國，沒有親人沒有朋友，在陌生的土地靠一雙手重築自己的生活圈，也窮出了一種坦然，窮出了一種滋味。從打工度假簽證到拚命打工的留學生，那是最被錢束縛的幾年，「必須要經濟獨立」的決心讓我的生活格外艱辛。那時我總是換住處，從便宜的房子遷徙去更便宜的房子，行李箱總是放在牆角，處於半打開的狀態，因為說不定什麼時候就要搬去另一個地方。我常逛的超市叫 Reduced to Clear，這裡賣的食物因為接近或者超過了保存期限，價格十分便宜。我一週光顧一回，把罐頭、泡麵、牛奶抱回家，就靠「中國人什麼沒吃過嘛」的僥倖心態熬過一天又一天。我幾乎不逛街，偶爾陪朋友去買首飾買衣服也目不斜視，把錢包捂得死死；也不敢上館子，倒總是去裝修高雅的餐廳外面裝模作樣地瞅幾眼，作為窮苦留學生的藝術享受。我最奢侈的物品是一輛一九九六年的NISSAN車，它帶我去便宜的超市、加油站，帶我去學校和打工的地方，就在這嘈雜的人間裡為我扒拉出一塊塊落腳地，是我最貼心而乖巧的夥伴，可它那關不緊的門和每週要打氣的輪胎，卻讓它也隨時冒著罷工的風險。

我這樣一個女孩子，把幾件衣服穿遍一年四季，開面目全非的幾手車，不是沒遭過別人的白眼。再階級平等的國家，也有人熱衷著看出別人的三六九等。餐館的老闆娘時不時擠出一些難聽的話，喝酒的客人總想從我這個無助的女孩子身上撈點便宜占，一同讀書的富有同學捏著鼻子避開我身上的油煙味，有些聊得不錯的男孩子彷若也躲著我，生怕我愛上他們或是他們愛上我，然後我變成一個沒有永久居留權沒有身家的「累贅」女朋友。窮讓我找不到自己的同類，一些愛好也成了被排斥的理由，「痴迷讀書」在富人階級是高尚的行為，在貧困階級就成了「裝高尚」的表現，我總是在無意間從身邊人的面孔上讀到這一種神情，一個沒背景沒永久居留權沒姿色的女孩，還指望靠讀書改變命運不成？我不信，真不信，我非得在這窮裡，翻轉出一點屬於自己的能力。

就如同三毛說的：「轟轟烈烈地戀愛，捨命地讀書。」我拚命起來也有點「把世界全然拋在身後」的意思，我拚命地賺錢，拚命地讀書，那幾年裡不是在打工就是在啃課本。窮過了的人都對錢有種貪戀，一個小錢一個小錢地存也能存出別樣的味道。我從不多的生活費裡省著，擠著，壓榨著，這窮竟然也讓我琢磨出了一點兒逆境的價值。讀書那陣子，同學間總是舉辦聚會，我這個曾經愛好吃喝的人，去了幾次就再也負擔不起。假裝的體面總是讓我的錢包很難堪，每次結帳後都要掙扎著想這付一百多紐幣去享受一餐的愉悅是否值得，然後面對第二天早上醒來時的懊惱，這每一分不明不白花出去的錢，都沒盡到它原本的用途。我有時候覺得好氣又好笑，「一分錢掰成兩半花」這不是我外婆那個年代的習慣嗎？什麼時候也跟著我出了國，在這裡扎了窩，還扎得狠狠的？我後來就因此錯過一些朋友，可是在家用幾毛錢一包的鹹菜下飯去代替餐桌上的觥籌交錯，也因此慶幸獲得很多清醒的時間。窮為我的獨處造就了絕佳條件，我學會了如何和自己相處，也學會了在窮裡自尋歡樂。

窮也讓我結識了一些珍貴的朋友，我和他們在逆境中結識，彼此鼓勵打氣和生活作戰，這些朋友便是今後人生中的莫逆之交。窮是全世界年輕人所要面臨的普遍難題，我的朋友中不乏有和我一樣身陷窮苦的年輕人，近看，在紐西蘭，到處是成群結夥到超市裡去買貼著「extra low」（超低價）標籤食品的留學生；遠看，在中國，那海的另一邊裡是住在廉租房裡忍受冬冷夏熱的上班族朋友們。我們這些為物質生活所奔波的年輕人有時也覺得上天不公平，這大好的青春都窮著，為什麼自己那麼努力也沒掙扎出個所以然？

可是記得有一次，因為有朋友要回國，我和一堆落魄的「聯合國成員」（朋友們來自西班牙，韓國，墨西哥，哥倫比亞，中國，我們因此稱自己是「聯合國成員」）在街上找便宜的聚餐地方，最後走進一家看似簡陋的披薩店，坐穩後卻看見菜單上不低於三十紐幣的兩人份披薩，於是我們互相對視了一下，彷若早已有了這種默契，趁著女主人去廚房的間隙，我們一個接著一個灰溜溜又靜悄悄地溜走了。我們一排人走在街上，浩浩蕩蕩，每個人都為自己糟糕的行為笑到沒力氣。突然有人說：「等十年後，我們都成了大富豪再回來惡狠狠地吃個夠吧！」那一刻，我們之中誰也沒有為自己吃不起的披薩而難過，也沒有任何人懷疑自己成為不了十年後的大富豪。這樣一想，也許上天是公平的，祂讓我們這大好的青春窮著，卻給了每一個人闊綽的決心。

窮成全了我對過去的一場反省，讓我學會了珍惜，堅強，並且意識到責任和寬容的重要性。窮的時候，每一件擁有的物品都被賦予了絕對重要的意義，珍惜就成為了必備的品質。一件破洞再補好的衣服，一雙一年四季都穿著的鞋子，一個樣式簡單卻結實無比的背包……這些之前常常讓我濫用或丟棄的東西，就成了此刻並肩的戰友，它們忠實可靠，樸素踏實，也幫我剔除了曾存於心裡的虛榮，也讓我在這樣物質並不充裕的環境下，知道了女孩子要堅強更要自強的大智慧。

我也時常回憶起從前被爸媽庇護著的生活，有點懊惱自己如此晚地懂得，那曾經的每一點「闊綽」都來自他們萬般的辛苦，這讓我如今身上肩負了一份責任，我也想給他們同樣的或者更多的「闊綽」。另一方面，看多了因為疾病一夜貧窮的家庭，便又在心裡多生出一份憂慮，作為爸媽唯一的孩子，我要盡全力去給他們一個健康而快樂的晚年。窮還讓我學會了寬容，這是人間最大的智慧，多少人因為失掉寬容的品質而一步步變得狹隘，記得有一次看到一起打工的女孩子在後廚狼吞虎嚥地偷吃一個雞蛋，便意識到其實每個人都有不為人知的經歷，任何時候都不要不明真相地用尖酸刻薄的語言，讓他如今的生活更加不容易。

也許有人說，窮那麼好，你怎麼不接著窮?窮是挺好的，卻讓我認識到了「富」的必要性。富是創造很多有意義的事情的條件。我頭腦中一直記得這樣的畫面，幾年前自己在餐館打工時，身上穿著洗不淨油煙味的衣服，每天端盤子洗碗點頭哈腰，手指的粗糙度都趕上了腳後跟。那時我心裡面填滿的都是寫作的夢想，空閒的時候，隨手拿一張給客人點菜的紙，褲兜裡掏出一支筆，整個人一面抵著後廚裡的大米袋子，一面在紙上寫著字，心裡卻幾乎惡狠狠地發著誓，「以後有了錢，就躺在床上，什麼都不幹，就寫作看書個兩天兩夜！」那年窮著，什麼都要用卑微的勞動去交換，一個異國底層打工的女孩，她的時間是不值錢的，我幾乎沒有完整地看過一本書。一本書的閱讀，通常發生在很多地方的很多時刻，上班前早起的那一兩個鐘頭，學校裡一個人啃三明治的午餐時間，中餐館油膩後廚的打工間隙，以及下班後躺在床上拚命忍住瞌睡的那一刻。

於是開始「不窮」的時候，第一件事就是拚命讀書拚命寫作，把精神建設做起來。人窮過，就有居安思危的意識，懷裡揣著五塊錢也不敢去花一塊錢，一旦花完一塊錢便該想明天明年再五年要如何過。正因為這種擔心著會再一次「一窮二白」的憂慮，我一刻也不敢停地努力著，看書，寫作，拚盡全力做到問心無愧。如果哪一天又回到了那種一窮二白的生活，至少我還可以靠腦袋裡的知識去就著我的鹹菜白稀粥。

我從「窮」到「不窮」，經歷了三年的時間。最窮的時候，有一次學校期末考試結束，我餓得前胸貼後背地走出來，都能感覺到從腦袋瓜子兩邊開始冒星星，我還硬是忍著口水，沒走進學校門口麵包店去買那個三塊錢剛好能填飽肚子的蔬菜派。我回到家裡，幾乎破門而入，拉開冰箱門就把兩天前做的一大鍋燉菜拖了出來，冰箱製冷太差，一揭鍋就聞到一股不該有的味道，那也沒扔，硬是放進微波爐裡熱了好幾次，勉強安慰自己「加熱能消毒」，然後一口一口也照樣吞嚥下去。現在想想，那時的我真是窮出了另一種境界，從餿飯裡都能找到活法。

後來，「最富」的時候，也不過是偶爾去買件自己喜歡的東西，只是不用「咬牙」「跺腳」再狠下決心了。因為心裡為這「最窮」時候的活法留下了一席位置，這讓我一直提醒著自己，人需要用一點樸實的生活，挫挫自己偶爾燃起來的囂張氣。窮治好了我那麼多的病，我嘴也不刁了，性格也不嬌氣了，連那麼一點點寫作者的柔弱病也不見了。我學著低著頭走路，謙卑也踏實。從那樣的日子一路走到現在，開始有了大把的時間去寫作，覺得感恩又富有，做喜歡的事，這本身就是一種奢侈。我為此常常感慨，活著多好啊！

因為窮來得太深刻，所以今後的日子即便「不窮」起來，也沒有太多的改變。我依舊熱愛逛舊貨市場，沒有了精打細算的壓力，這便成了一種趣味。家裡的健身器材，擺設，茶杯，統統是「救世軍」二手店挖寶來的。那種以慈善為目的的二手店，對我們窮人總是網開一面，有一次因為喜歡櫃檯前擺著的小人偶，問了價錢，我那戀戀不捨的表情大概也出賣了我。收銀的小夥子對我咧嘴一笑，「來，這個就送給你吧！」我含笑點頭，生怕被人看出這窘迫。

我的滿足感很高，清炒一盤黃瓜雞蛋都能讓我歡欣。雖然一直過著從「此處」搬到「彼處」流浪般的日子，卻總是能在那裡開闢出一點屬於自己的樂趣，我喜歡在地裡種著herb（用來作香料的香草），一場雨就能讓薄荷葉竄得遍地都是，用手掐一片葉下來，在手心裡搓撚，攤開手就能聞到生之美好的氣息。我在路邊樹上摘檸檬，摘黃桃，摘李子，要是碰上有處理家庭大型垃圾的日子，還能在路邊撿一點實用的家具。這看似依舊在窮著的日子，其實在我變得從容的那一刻起，就已經富有無比。

嚴歌苓在《波西米亞樓》裡講起自己在芝加哥的一段辛苦經歷，說道自己在那貧窮的兩年中獲得五個文學獎，不禁感慨「人在最失意時，竟是被生活暗暗回報著的」。我讀著這位偉大的女作家的故事，心裡久久地不能平靜，我也感謝我的窮苦生活，在歲月中為我滋長了全部的力量。窮讓我知道，窮並不可怕，鹹菜饅頭白稀粥的日子，要是熱切得過起來也沒有那麼糟糕，可怕的是，一個人從這窮裡熬不出一點意義，一點道理，那還真是辜負了這麼好的人生，白來了這一遭。

世間有兩種「我懂得」，
一種是因為「善良」，
另一種是因為「經歷過」。

你大概覺得自己很不幸

我們到底是太年輕，有時間彷徨，還不懂現在這樣看起來糟糕的生活，或許是很多人都無法得到的。

讓我想一想，你可能時常這麼定義著自己。

你讀書時成績很好，享受過一時的榮耀，那時所有人都說你會成為一個成功的人，畢業幾年生活卻一直在開玩笑，你拿著高學歷擠著地鐵租著舊房，可此時高中輟學的朋友已經靠批發生意發了家。你時常看主管臉色加班到深夜，不是沒有過辭職的衝動，卻狠狠下幾次決心還是作了罷，你並不確定自己能像紅姐一樣跳了槽升了薪，還是像小麗那樣把從前的業績都抹了零。

你身邊的朋友三三兩兩地結了婚，看起來平常又幸福，你每月散去幾個紅包，親戚朋友也把婚催得要命，他們說「別人都有了二胎你為什麼還不著急？」你開始踏上一條相親的路，那些坐在對面的人心裡都隱藏著什麼祕密，也不肯來探一探你內心的聲音。你想起自己曾經有過一個戀人，愛得轟轟烈烈最後卻分了手，你自己一個人孤獨地在這個城市裡打拚，很多時候會想起他，不知道他現在好不好。

你開始有了第一根白頭髮，眼角出現一絲細細的褶，人群中有人為你停留幾秒鐘的目光也不見了，一場熬夜的後遺症帶來好幾天的無精打采。你害怕起衰老，咬著牙買貴的面膜和洗面乳，卻看著社群網站裡很久沒說話的朋友，剛剛去了土耳其坐熱氣球，大笑的樣子像是比你年輕四五歲。你多想也像她一樣，小時候環遊世界的夢想，你這一刻並沒有實現它。

你想起自己曾經幻想未來，可它絕不是眼前的模樣，你越來越不瞭解自己的人生，為什麼好似還有很多夢想，卻又只能渾渾噩噩地活？你覺得肩負重壓，家庭工作生活統統壓得你喘不過氣，自己怎麼活成這副糟糕的模樣，贏不到也輸不起？你去和別人傾訴你的苦楚，可他們只是說這就是人生，你忽然從他們的眼中看出裝作的理解。終於有一天，你不開心到極點，想到了死亡的念頭，這念頭把你都嚇了一跳。你沒勇氣結束一切，但大哭了一場，哭到覺得天都塌下來，胸腔空空的，就像自己也死透了一次。

這樣的生活痛苦嗎？太痛苦了！

你大概覺得自己太不幸了。

我也曾經花很多時間抱怨我的人生，覺得自己是天底下最不幸的人，我氣沖沖地問生命很多的問題。為什麼身邊所有人看起來幸福無比，我的家庭卻吵鬧不堪？為什麼身邊女孩子都能夠找到絕好的戀人，我的戀情卻從不順利？為什麼別的女孩可以每天吃五頓飯也瘦削美麗，而自己永遠在減著肥卻越減越肥？為什麼別人輕易得來的東西，我總是要付出幾倍的努力？更年輕的時候，我彷彿把所有青春都用來感悟自己的不幸——我會糾結和朋友的關係，會厭惡鼻子上的雀斑，會惱怒為啥這裙子買了藍色的而沒買粉紅的。那時候把很多心事當作天塌下來的徵兆，自己也活成了憂鬱的代表，而當我和大我幾歲的朋友去哭訴的時候，他們居然說我「很幸運」。

我為這樣的冷漠難過好一陣，直到出國後一度還難以調整心態，總是在忽好忽壞的情緒之間竭力尋找一個平衡點。而有一件事，讓我對自己的「不幸人生」，有了另一番解讀。

出國之後的一個平常午夜，我沒來由地睡不著，輾轉反側好不容易睡下了十分鐘，卻在心臟的一下劇痛中瞬間醒來。那時午夜十二點十分，鏡子中的我臉色發白，眼角腫起一個包，明明不是悶熱的盛夏，我卻覺得氧氣不夠。我連忙打電話給朋友，已經入睡的她急忙趕來。那個深夜，我躺在她家的床上，吃過她準備的救心丸，靜等第二天黎明的到來。我把這一晚發生的全部細節都寫在紙上，我已經有了活不過今天的準備。

那一刻，沒有眼淚，沒有不堪，忽然就釋然了，就算我中了七百萬紐幣的彩券富裕得可以揮霍一生，第二天被診斷出末期癌症被通知只有兩個月的存活期，那我的人生，又有什麼意義呢？我還有那麼多想做的事，都還沒來得及去完成。我想，若真的被檢查出不治之症，我更多的是遺憾，而不是悲傷。

我這樣等待第二天天明，去家庭醫生那裡檢查，經歷了一連串的身體指標檢測，等待結果的時候就像已經被判了死刑，無數大大小小的病症閃過我的腦海。幾天後拿到報告，才知道是缺鐵性貧血，程度嚴重。待我拿著醫生開的補血藥丸重新走在陽光下，我心裡舒了一口長長的氣，它和困擾了我幾天的擔憂，一併地退出了心底。多好，我又回歸做一個「還有機會去重塑健康的正常人」。

後來讀到風華正茂的女博士于娟癌症去世前說的一句話——「活著才是王道」。深以為是並潸然落淚。

那之後我的很多價值觀發生了巨大的改變，從前聽多了有人得病就足不出戶，患癌症就要跳樓的新聞，便覺得一個人若是身心不健全，就不值得擁有快樂的人生。然而在這裡卻時常看到，因為糖尿病而失去部分光明的人依舊笑意盈盈衣著體面，瘸了一條腿的男人堅持跑完一場場馬拉松從沒有放棄的念頭，每每看見這樣的景象，就覺得我擁有如此健全的身軀，還有什麼理由去抱怨？我忽然意識到自己的抱怨無力，因為我深深以為的不幸，竟是由於我的不珍惜。

開始寫微信公眾號之後發現，寫作的人常常在別人的心裡被等同於解決生存和煩惱問題的專家，但其實我們的心裡也有困惑和愚笨。比如我常常說自己是個不容易快樂的人，也確實如此，高壓力的生活狀態很容易讓我陷入憂鬱，我的一生都是在和身體裡的憂鬱基因對抗。我不僅沒辦法解決網路上朋友的問題，對於自己的一些問題也束手無策，我只能透過下意識的提醒克服自己的壞情緒。幾週前一個電視節目取消我回國的行程，我心裡又再次陷入憂鬱，那一天我幾乎沮喪得說不出一句完整的話，朋友來找我，他堅持要我和他去吃兩塊半一大包的炸薯條，他說要帶我感受廉價又充實的快樂。

就在他進去點餐的時候，我坐在車裡等，莫名其妙地就按下了車鎖。紐西蘭這個國家太安全了，大多數人車子整夜不鎖，更別提在路旁等著外賣，我也為自己的行為覺得好笑，這是我第一次試用它。可誰能想到幾分鐘之後，一輛車停在我旁邊，從裡面迅速鑽下來一個男人，邋遢的長髮，一臉猥瑣，徑直奔著我跑來拉我的車門，然而這門卻在幾分鐘之前被我鬼使神差地關上了。正巧朋友從外賣店走出來，看見他，一記左勾拳打在臉上。那男人瘋癲地跑了，像是個精神病院裡偷跑出來的病人。

後來朋友說：「看到了嗎？他的手上拿著利器。」

我忽然覺得，是什麼冥冥之中的力量讓我關上車鎖，那一天我差點連活著的資格都失去。

那一晚我好久好久都睡不著，節目被斃了怎麼樣？生活不如意又怎麼樣？暫時的失敗又能怎麼樣？我還活著，活著就是希望啊。

我寫這篇文章，不只是因為開導自己，也因為每天都會在微信公眾號後台裡收到數十封有關人生的信，大多都在講述著自己的不幸運，每個人都覺得世界上只有自己有一大堆解決不了的問題，承受著煎熬，這人生的大片陰影就單單遮在自己的頭頂上，可是當我每一封每一封看下去，竟然從這麼多的信中總結出幾乎一模一樣的人生——沒有大災大難，只有惱人瑣事。我們到底是太年輕，有時間彷徨，還不懂現在這樣看起來糟糕的生活，或許是很多人都無法得到的。

一直以來特別喜歡這樣一張圖片，深夜裡一個玩具熊站在熟睡的男孩身邊，和夜晚的怪物對抗，旁白的話大意是這樣講：「你怎麼知道在你熟睡的時候沒有誰來保護你」，是啊，第二天當你醒來覺得人生無望鬱鬱寡歡時，殊不知有人在你看不到的地方，為你這新一天的生命作出了多大的抗爭？

你大概覺得自己很不幸，但其實你真的真的很幸運。

沒有了你的日子，我會更爭氣

一件破物，自有它昂貴聖潔的地方。

紐西蘭夏日已近尾聲時，我望向窗外，終於啊終於，眼睛裡再也看不到那輛車。那輛白得不均勻，駕駛門凹進一大塊，渾身掉了漆的車，那輛頂棚長出苔蘚已經存活二十年說不定哪天就要壽終正寢的車，那輛誰見了都說上一嘴「破死了」，笑我活得粗糙卻不懂其意義的小 NISSAN。

我賣了那輛陪伴我三年多的幾手車，陪我趕過風闖過雨的那輛車，看著我從一無所有的浮萍到歲月靜好的女子，它是我異國奮鬥全程的唯一見證者。

我的胸口悶著氣地疼，像剛剛過繼給人家一個孩子，臉上掛住淚，心裡有千般不捨，只希望那孩子今後萬事都好，別再跟著一個不爭氣的媽過苦日子。

一件破物，自有它昂貴聖潔的地方。

賈平凹寫《廢都》，寫那個汪希眠的老婆，她數年來一直默默深愛著莊之蝶，終有一天對莊之蝶吐露心扉：「你剛才也看見這枚銅錢了吧？我戴的是金戒指、金耳環、金手鐲，我卻沒有戴金項鍊，我不是沒有金項鍊，而是我捨不得這銅錢兒。這是我那次去你們家看牛月清，順手從你的窗台拿的銅錢兒。我想我已得不到你，卻要把你的東西藏在身上。」

這麼多年，汪希眠的老婆從那暗戀的情人那裡取一枚銅錢，一直掛在身上，把它當成他來念，這車於我，是一樣的道理。

這輛小 NISSAN，自此從我眼睛走進心窩裡，我要把我們的相識與離別變成文字寫下來。

我剛到紐西蘭那陣子，真真切切地體會到了沒車的不方便。從前還以為「我們家有兩台車」是富有，後來才覺得那是「必需」。紐西蘭總人口數只有四百萬，各種設施都散開來，最近的超市和家隔著五六公里，好吃的餐館和你相隔十幾公里，就算是去朋友家，也得穿越半個城市去看她。

我的一雙腳總是在路上走，冬日去上班的清晨，裹兩層棉襖套三雙襪子，走四十多分鐘的路，一身臭汗狼狽地開始新一天。平日裡去超市，也不敢多買東西，不然左右手掛著三五個袋子，逆著車流走著，像在舞台聚光燈底下耍一齣喜劇，連自己都臉紅。

我不情願坐公車，總是要等下一班車來，花費也不便宜，我嘗試過騎自行車，亞洲超市裡認識的大爺給我一輛自行車，說在路邊撿的，自己還仔仔細細給擦了一遍。我剛騎它到半路就掉了鏈子，白費了大爺的一片好心。

如果生活一直這樣，倒也可以將就過，可後來搬家時，我大包小裹地收拾，那時才真的陷入困境。

我打電話給數個自以為的朋友，他們在初見面時的熱情是中國式的，幫忙時就倒戈去歐美文化，只有一個人對我講：「好啊，我幫你搬家，你給我十塊錢油費。」搬家的路上又聽他講，「好好的週末讓你給毀了，不然你去買個車？在這裡不開車就像人不會走路，哪裡都去不得呢！」

我吃人情的虧，也下了買車的決心，幾週後就端著存下的工資聯絡到一部便宜車。那主人一副命好的相，大概不再需要小 NISSAN，處理破銅爛鐵般賣給了我。我當著小 NISSAN 的面，摸著它凹進去的門，粗糙的白，激烈地與它主人討價還價，小 NISSAN 沒脾氣，低眉順眼得不吭一聲。

我開車技術爛，路上的標誌一概不知，胡亂開到家裡。第二天凌晨五點鐘起床，趁馬路寬敞一片，小心試探著小 NISSAN 的脾氣，別人常說自己的車任性自私，我卻發現這輛小 NISSAN 如此安穩，節約，踏實可靠，我因此忽略了它凹陷的門和半掉的漆，它也就這樣跟我上了人生的路。

它跟了我三年，什麼好日子也沒受過。它跟我去風裡闖，在雨裡奔，我開著它清晨去上班深夜才回家，拿它載減價的食物和商品，它看我在車裡哭然後擦乾淚接著去賺錢，看我把苦難的人生活到平常。我常哀嘆，它這是什麼命？它任自己的身子骨在這二十年內被人糟蹋了，卻沒用它的命來為難我。它處處護著我。

那些 BMW 賓士帶著醉酒的主人撞在欄杆上，可它從沒有，它知道我要去賺錢賺錢拚命地賺錢，從來都緊緊護著我，它竟不肯費我一滴油。

那些淘氣的保時捷闖了紅燈超了速被警察在後面追，可它從來都沒有，它讓我安安穩穩地去上班再回家裡面，它夜夜守在門外看我，它從不允許一個醉酒的人來敲響我的門。

那些我輕慢了它的日子裡，它沒有抱怨沒有嘮叨，甚至在我一次沒看清楚安全島，飛一般地衝出去的時候，後車廂突然大敞開，我心疼地摸著，它好像咧開了嘴，默默對我說，沒事啊我沒事，你還好嗎？

那些別人坐進了我車裡的日子，努著嘴地說「你也該換輛車了，這破車你也敢開？」我和它相視一笑，下次再也不載這樣的人。

旁人說我堅強，可我的小 NISSAN 卻比我更堅強，它從不抱怨，從不亂發脾氣，不卑不亢，走那泥濘坑窪的路，卻也適時抗爭，沒有一次在那光鮮的保時捷旁邊低了頭。

可我就去賣了它，因為修車的人跟我說，「這車老得很，就快要報廢了。」

我只能無奈找來一輛新的車，代替了它。我嘗試了很多種賣車的方式，早上把它開去街邊，把它留在路旁，窗戶上寫上一千塊即可開走的話，晚上又覺得對不起它，自顧自走過去又開回家。

房東問我：「你這是有毛病啊？」

我說：「我就是傻蛋。」回頭偷偷跟自己說，「不重情的人才是大傻瓜。」

我真不知該如何捨棄它，後來朋友找到一家收車的地方，那男人自命不凡眉心裡寫著銀元的命。

我頓時想起別人曾說給我聽的話——世界上有兩種男人不能相信，一種是出過軌的，另一種是賣車的。

那男人獨了一隻眼，和我說：「嘿，七百塊，這去別人那裡做廢銅爛鐵還不值三百塊！」他還真以為他懂得這小 NISSAN 的價值。

我沒說話，接過那七百塊，輕飄飄的幾張紙。我狠心和我的小 NISSAN 還有那裝在裡面的回憶告了別，可我依舊關心的是，這小 NISSAN，它是被人拆開用去別的什麼用途？還是被翻修後重新上了路？還是被冷落在哪裡當作破銅爛鐵？這問題我統統沒辦法問。

起風了，我裹緊衣服，天邊布滿雨的徵兆，看樣子又要冷下去了，這一轉眼，又到了我來時的那個季節了啊。

街邊有人賣車模型，我認出那一種白，我買下一個握在手心裡，這次誰也不給了。

不需要因為自己如今的艱難和別人的嘲諷而介意，
因為總有一天你會依靠自己，
成全你全部的夢想。

不工作的時候最重要

生活的豐富性，也可以用來提高自我，繼而反作用於自己的事業。

1

如果你今年二十歲出頭，剛剛走入社會，去問身邊朋友們這樣一個問題。

「不工作的時候，你都做些什麼？」

有人會對你說，「沒什麼呀，睡個懶覺，看電視劇，聊聊通訊軟體，吃吃零食，一天就過去了。」

有人會告訴你，「我起得很早，出門跑了步，白天學了一陣英文，臨睡前讀了一會兒書。」

幾年之後，你會發現，這兩種態度，成就了兩種不同的人生。

2

我剛開始在異國獨立生活的時候，唯一的感受就是「累」。每天很早起床去打工，在超市裡站上十個鐘頭，一整天都賠著笑。晚上再走四十分鐘的路回到家，身心俱疲，雙腿如癱瘓般失去知覺，整個人躺在床上不想說半句話。

我上班的目的就是為了熬出一個休息日。每當這一日來臨，我就關上體內的行動模式，在我的概念裡，「休息」就是盡量地不動，身體上一整天窩在床上過，不起床不做飯不化妝不出門，思想上也不去考慮耗費腦細胞的事，整天捧著動畫片或傻白甜的肥皂劇。

這不僅僅是我的狀態，這幾乎是身邊所有亞洲朋友的狀態。我們常常感慨自己活得像八十歲，就像是對青春認了輸。把自己二十幾歲的青春拱手相讓，這是我們這一代年輕人的共有特徵。

那時結交過一個當地的朋友，從他那裡窺見了西方年輕人和我們完全不同的生活狀態。

他總是在週五的晚上問我：「明早去不去跑步？」

而我總是斬釘截鐵地拒絕，覺得當地人的「休息」，有點像遭罪。

天知道他們哪來那麼多精力，好不容易用一週的繁忙交換到休息日，還要盡力折磨。要麼早起出門跑個十公里，要麼自行車騎行三十公里，或者去打網球，高爾夫，去爬山，學外語，參加各式各樣的活動，好像非要把每一點精力都耗盡，這樣的一天才叫「休息」。

然而儘管我從不參與他們的生活，但確實也有很多時候，當我用一副頹廢的樣子躺在床上看手機，翻到臉書上他們去爬山去旅行的照片，就會莫名覺得，我的人生又荒廢了一天，就荒廢在這不工作的時候。

3

我的生活在那一整年都沒什麼長進，吃飯睡覺打工賺錢，這些事依舊在我的人生裡循環播放著。

而那些在「不工作的時候」也依舊活得沸騰的朋友，他們大多已經踏上了人生的另一個階梯——有人已經跑了幾次馬拉松，有人副業成功終得辭職，有人拍了自己的電影，有人學會了另一種語言，有人靠旅行經驗得到「孤獨星球」（*lonely planet*）的工作……

那種曾經被我詬病的休息方式，孕育出一種豐富的生活，潛移默化地影響著人生的軌跡。

記得英國女演員艾瑪．湯普遜說過這樣一句話，「不工作是非常重要的。」

她指的是，在作為一個恪盡職守的演員之餘，生活的豐富性，也可以用來提高自我，繼而反作用於自己的事業。

4

後來和幾年未見的朋友們聯絡，更是可以切身體會到，人與人的差距，就是在畢業之後逐漸拉開的。那些如今最有成就的朋友，大多是在進入社會的最初，就為自己的生活建立積極的基調，認真利用每一個「不工作的時候」。

我的一個大學同學，畢業後去一家公司做上班族，業餘時間學習法語，三年後站在了艾菲爾鐵塔下。

我的一個朋友，畢業後一度對自己的工作不滿意，閒暇時間準備公務員考試，終於考上喜歡的職位。

我的一位相識，利用每個假期出門旅行，現在已經不用再朝九晚五，而可以靠撰稿為自己的旅行買單。

……

而相反，那些生活中只有「工作」和「休息」的人，讓我很感到害怕地看到了另一種人生，除了年齡的增長，一切都是沒有變化的——這樣的生活不是經歷，卻更像是煎熬，不是見識，卻更像是禁錮。

5

我的很多價值觀，就這樣被重新洗了牌，開始意識到「不工作的時候」的重要性。而這樣的想法，也改變了我的態度，我不再願意把不工作的時候，放在床上來蹉跎。很驚喜地，這種改變也讓我見識到了自己的另一面人生。

我後來的一些自以為的成就，均是來自不工作的時候。

用不工作的時候，一年裡讀了二百多本書。

用不工作的時候，七個月裡減了十多公斤肥。

用不工作的時候，四個月寫成一本書。

用不工作的時候，創立了微信公眾號認識了五湖四海的朋友。

那些原本以為只是用來消遣或休息的時刻，反倒令自己實現了意想不到的價值。

想起叔本華說過，「閒暇是人生的精華，除此之外，人的整個一生就只是辛苦和勞作而已……凡夫俗子只關心如何打發時間，而略具才華的人卻考慮如何利用時間。頭腦思想狹隘的人容易受到無聊的侵襲，其原因就是他們的智力純粹服務於他們的意欲，是意欲的工具。」

如今再讀，更有一層更深的體悟。

人人都知道，要努力去工作，工作賦予我們生活的若干權利，決定我們的人生會是富有或貧窮。

但也許並不是所有人都知曉，不工作的時候，也同樣很重要，它賦予我們選擇哪一種生活的權利，決定我們人生寬廣或狹隘，也決定我們會成為一個怎樣的人，用什麼樣的態度，去過這「是見識而不是禁錮」的一輩子。

你就是你努力的結果

想想今後要發生的那些事，現在的你會不會更努力？

或許這一刻你正坐在學校的自習室裡面，看見身邊三三兩兩埋頭的同學，厚厚的英文課本攤在眼前，筆尖停留在最難的那個單字旁。你的手機裡出現一則簡訊，閨密無聊約你去逛街，你在未背完的單字和購物商場間猶豫了一下，最終收拾好書包跨出了教學大樓。

你看見那些背著書包戴著耳機口中唸著英文的好學生們從眼前走過，心裡覺得有點愧疚，但又轉念安慰自己：「這樣偶爾不努力一下，也沒關係吧？」事實上這是你第一百零八次這樣想，也是你第一百零八次這樣做。你還年輕單純，擁有很多懈怠的瞬間，總是找不到堅持的理由：有時苦惱努力不下去，有時問自己為什麼要努力？有時再使著小聰明地問自己，也許不努力，未來也不見得差到哪裡去吧？你看到前方有那麼多未知的路要去走，卻不知道自己的未來，終有一天要為這樣閒散的日子來買單。

五年前的我就是這樣的狀態，而我如今只想告訴你：這五年裡我看到以及經歷的事情，時常讓我後悔五年前的自己為什麼沒有更努力。出國後遇見了一個女孩子，她在最好的大學讀最好的科系，也在一所學校裡兼職做行政，我在極普通的學校裡讀文憑，週末在一家中餐館的後廚裡洗碗。

她和我的年齡相仿，均是大學畢業後才出的國，也都以英文為主修。我很好奇為什麼有些人可以早早地成為人生贏家，而有些人只能羨慕遠觀。

有一次和她聊到中國的大學生活，在抱怨過陳舊的教材以及無趣的授課方式後，我問她：「你大學是怎麼過的呀？」她點頭同意我對陳腐教材的看法，卻也讓我無比驚詫某些女孩的自制和勤奮——

「我四年中每一天都六點半起來晨讀，大一熱衷站在舞台上，幾乎參加了所有的演講比賽，大二時拿到了幾個大獎，也開始學習口譯，考到各類證書，大三時找到一份不錯的實習，得到了很多做口譯的機會。大四一年我申請出國，開始準備雅思，最後的成績是七點五分，這份成績和之前的經歷，讓我幾乎可以就讀任何一個喜歡的科系。」

我想起自己大學四年裡的狀態——整日窩在寢室，不參與任何活動，臨申請出國前一週手忙腳亂地準備雅思，不禁感慨，她的經歷中無一事不令我汗顏。那一天我記下了她說過的一句話——你就是你努力的結果。我也在心裡問自己，想想今後要發生的那些事，現在的你會不會更努力？

我是從別人的故事裡，在二十幾歲的現在，窺測到自己三十歲之後的人生會是怎樣的。

我認識的一個女性網友，她跟我講了一場狗血的事件。她和男朋友相處五年，已成為急著出嫁的大齡女青年，已經三十歲出頭的她在和男朋友商量結婚的過程中，一直不斷妥協退讓著，但最終因為一個房子而全面崩盤。

男朋友的母親對女孩流露出越來越多的不滿意，在買房的時候堅決地說一定要而且只寫上兒子的名字，女孩非常氣憤地表示：「我也是這家庭的一員，為什麼不可以把我的名字也加上去？」在一次去往裝修公司的路上，男朋友的媽媽裝作無意地說：「呦，兒子，上週你阿姨給你介紹的女孩，月薪人民幣過萬吧？」

女孩消失了幾個月，然後給我留言，「我們和好了，結婚了。」

我腦補了一下他們婚後相處的場面，覺得有點難以想像，遂問她，「這不覺得彆扭嗎？」

她恨恨地說：「我唯一覺得惱怒的，就是自己沒有在年輕的時候好好工作賺錢，沒有賺得選擇別人的能力。你知道嗎，女人一定要有錢！」

我去朋友家看他們的小女兒，她剛剛過了一歲生日，全家人住在租來的房子裡，是那種隔音極差的連棟房屋，大人們在樓下做脊椎矯正的生意，樓上是孩子的活動區。

朋友活得極為節省，才不過三十幾歲的女子，就放棄了穿漂亮衣服買化妝品的權利，以求給孩子最大限度的奢侈。我看到孩子的高級奶嘴，幾十套衣服，滿地的玩具……也聽見她說，一歲的孩子每一天都是一個新的成長階段，每一個成長階段都需要更多的花費開銷。朋友抓了一把枯黃的頭髮，然後告訴我：「雖然我知道再苦也不能苦了孩子，但我真的希望自己能有份體面的工作，可以有能力給孩子和自己同樣的幸福。」

看過一篇網友寫的文章，他說道，幾年間自己的岳父和父親先後得病，小康的家庭遭受了嚴重的打擊，為岳父治病前後花費了一百萬人民幣左右的醫療費用，為父親也四處籌款，時常打八千塊人民幣的進口抗生素。他說：「經歷過這次生死劫難，每個人都覺得，原來我們的小康之家，這麼容易被破壞。」

我也聽見自己的朋友，對我講在母親病床前的無奈，她說「我真恨自己的無能」，這話讓我一夜長大。我聽過越來越多的關乎中年的故事，也在這些故事中長大，真正意識到「此刻努力」的重要性，我開始把努力當成信仰，活起來總是一副拚命三郎的姿態。

我有一些享樂派的朋友，他們會不解地問我：「二十幾歲的女生，正是青春美好，努力的事何不以後再說？」

他們說沒見過我這樣的年輕女孩，帶著一副中年人嚴肅又正經的心態，拚命賺錢，捨命讀書，大好的早晨不用來睡覺非要去跑步，但凡遇見什麼可以讓生活越變越好的事情，都要去嘗試。人呀，年輕時幹嘛活得那樣認真?是呀，我還不滿三十歲，還沒到著急出嫁和生子或者在職場上叱吒風雲的年齡，但是我不得不承認，在生活裡聽到的故事，讓我預見了不同的人生。我曾經後悔很多五年前的不努力，造就了如今一個不完美的自己，而如今的我也深知這一刻的不努力，必定會讓五年後的我遺憾悔恨。

二十幾歲的我們是多麼年輕，總以為自己會一臉膠原蛋白地活下去，卻不曾預見再詩意的女孩，也會走進婚姻成為人母去過柴米油鹽的人生。我們是否會成為一個有話語權的妻子，是否會成為一個有能力為家人提供更好生活的媽媽，是否會成為一個有信心讓父母安享晚年的孩子？

我始終喜歡朋友說過的那句話，你是你努力的結果。想想這些今後要發生的事情吧，請問問自己，現在的你會不會更努力？

成年人世界裡的時間太狡猾，
稍有不慎就有讓人荒廢生命的風險。

Chapter 2

正能量如何改變了我的人生

正能量如何改變了我的人生？

正能量讓我這個原本愚笨的女孩知道，
原來一個人可以找到那麼多方式，成為那個最好的自己。

一個當攝影老師的朋友有一天發了這樣一則社群動態，那上面寫著她自己在五年前考研究所時給偶像寫的信，信中她寫道：「我的夢想是讀研究所，當老師，然後出書。」五年後她說：「如今，美夢竟然都實現了，人生真的有吸引力法則的。」不久之後，社群網站上另一個朋友曬出嘉倩的書，那固執的女孩用幾年時間穿越整個中國寫就的作品終於出版了，我的朋友寫道「世界太奇妙了，二〇〇九年在網路上看到她的文章，瞬間讓我驚為天人一樣的文字，對當時迷茫中的我，像啟明星（編註：金星的古稱）一樣，然而幾次聯絡都未果。但世界就是這麼奇妙，七年前的偶像，竟然跟我約了新書首發的讀後感。七年，你真的不知道會發生什麼，有夢就去追吧……」

我久久不能從這樣的感懷中抽身，這讓我想起來那些改變了自己人生的正能量。

那大概是至少五年前，我從電視上的一個相親節目中知道了老馬。那是一個三十幾歲的男人，相貌普通卻一身坦蕩，站在台中央和女嘉賓們講述自己無房無車一直遠行的日子，連一點心虛都沒有。節目中老馬播放了一個影片，幾個來自異國的人圍坐在一個青年旅館裡，手中有酒，懷裡抱著吉他，聊著有關夢想的正經事。影片結束的那一刻，在場所有的女嘉賓接二連三地給老馬滅了燈，我的心卻嘭地亮起來，那種與世俗格格不入的男人，我尤其嚮往站在他身旁。

我迅速關注了老馬的微博，他的微博低調，大多是關於遠行的內容，偶爾在某個影片下面寫著詩歌一樣的話，令我讀到內心溫熱。為了顯示我和那些滅了他燈的女孩子有多麼不一樣，我思前想後，決定用這樣的話作為開場白：

「老馬，請介紹一本書給我吧。」

老馬介紹給我的第一本書是路內的《少年巴比倫》，我在網路上找到的，盯著電腦螢幕不吃不喝，用一天的時間看完，眼前一片白茫茫，心裡的空虛卻被填滿了。

於是我興奮地彙報：「老馬，我看完了，再推薦一本給我吧。」

老馬說：「看看劉瑜的《民主的細節》。」

我特意買了一個本子，記錄下所有意味深長的話。

接著，第三本是劉瑜的《送你一顆子彈》，第四本是她的《餘歡》。

我猜自己那一年瞬間喜歡上螢幕上的老馬，大概不是因為把他當作一個愛慕的人，而是因為他是我想成為的那類人，過著我不曾有勇氣去過的人生。在我所居住的北方城市，居民熱情卻狹隘，我就在那些每天坐在社區裡聊著別人家閒話的老太太，還有那些看不慣大姑娘二十五歲不結婚的婦女們之間長大，那是我第一次如此接近一種不一樣的生活方式，看到原來一個人還可以這樣活，活出點只屬於自己的意義來。

更有意思的是，我漸漸地不愛老馬了，我開始愛上了劉瑜。劉瑜的文字對我影響至深，那能聊政治，也能寫小說的才智，讓我看到女人博學聰明的魅力。美國也成為一個夢想的符號，我發誓要去那裡看一看。

那是我大學時代的一個轉捩點，劉瑜讓我對書籍產生了至大的興趣。我第一次認識到，一個女人可以不必靠長相換取深情，知識是比那更嫵媚的符號。我花長久的時間泡在圖書館，什麼都讀，從英文短篇到凶殺案，什麼都做筆記，看得津津有味。那時班級裡的英文課新出現一個外校調來的老師，她和我們說，「我每天坐校車來學校，只為能用這一個多小時的車程看一部電影。」我在這位博覽群書精通電影的老師的影響下，又開始愛上看電影，每天在寢室裡五點半起床，趕著在八點半上課之前看完一部電影。就在那一年我知道了希區考克，伍迪．艾倫，大衛．芬奇，克里斯多福．諾蘭……一向不願參與團體活動的我，竟然參與了學校的戲劇節，在那上面用阿嘉莎．克莉絲蒂的小說《一個都不留》改編成一幕蹩腳的劇，在戲劇節上得了末等獎，卻沾沾自喜地安慰自己「大衛・芬奇第一部電影不也是如此不賣座？」

當我讀到大三時學校裡舉辦去美國的活動，那時在心裡埋藏很久的去美國的夢想又被挖掘了出來。我在美國的一次聚會上認識一個泰國男生，他大概喝醉了，跑到我身邊，對我鄭重地說，「我特別特別熱愛音樂。」那時我正在為前程擔憂，出國前父母明確對我的寫作夢想提出反對，讓我不知這四五個月的夏令營過後，我將面對怎樣的人生。可是這個男生，在那樣一個晚上，給我看他拍的影片，那裡面他帥氣很多，唱著我聽不懂的歌詞，眼神裡都是夢想的光彩。就在那一刻，我看到一份夢想的難能可貴，也決定要把寫作這件事決絕地堅持下去。

回國之後，我一心想寫作，自顧自地創作了幾個短篇小說，給幾個雜誌投去稿件。那些稿件石沉大海，我於是在夜裡給那個泰國男孩發去郵件，像是在說給自己聽一樣地告訴他千萬別放棄夢想。至今想想也覺得奇怪，那時我連他的 rap 一句都不懂，他也無法明白我寫的中文字，但夢想竟然在兩個追夢的年輕人之間拉起一條紐帶，傳遞一種難言的力量。在一個夜晚，一個雜誌的編輯給我回話，讓我修改稿件，數次過後，他遺憾地告訴我這文章沒有被選入，但他說：「你這麼執著一定會成為作家的。」我把這句話當真，又在這時看到柏邦妮的〈飢餓是很好的鍛鍊〉，她的文筆細膩囂張，讓我看到文字靈動的一面。我從她的微博上窺足了夢想的那一端，我也憧憬著這樣的人生，更用力去寫作。我特別想成為那樣一個女作家，有高超的廚藝和高雅的情調，要把一本本自己寫的書郵寄到愛書人手中，帶著我手寫的問候。

大學畢業前，一本書又改變了我對未來的想法。那時學口譯的老師，無意中說道紐西蘭打工度假簽證，我也從朋友的口中得知這個難得的機會。就在那時，吳非的《打工旅行：一年實現一個夢想》出現在我面前。我把這本書從頭到尾看了至少三遍，這是我第一次對紐西蘭這個陌生的國家產生真實的嚮往。我把所有有關打工度假簽證的內容記錄下來，又在網路上找到他的部落格，把那些沒有放進書裡的內容也細細研讀。後來讀到巴道的書，更加堅定了我出去走走的信念。

生活從不會辜負一個有夢想的人，我就這樣出了國。國外的生活並不順利，一個把雙手荒廢了十幾年的人要擔負起生活的重擔，拋掉原本可以坐辦公室的工作到異國做打工小妹，身心都肩負壓力。我開始看《北京人在紐約》，現在想來，這部劇是我人生中幾乎最重要的里程碑。我在打工做到自尊心崩潰的時候，看王啟明放棄拉大提琴去餐館洗碗，我在窮得難堪被人嘲諷的時候，看王啟明在除夕夜騎自行車去送便當，我在日記本上深深寫下「我一定要成為作家」的時候，看王啟明一個人喝啤酒慶祝自己的工廠開了張……就是這部劇教會我足以銘記一生的道理：一個人，最不可被摧毀的就是意志力，那是能夠成就夢想的最重要的因素。那時我又遇見了高木直子，那個身高只有一百五十公分的小女生在自己的圖文書中寫著當初一個人從家鄉的小地方來東京闖蕩，打兩份工去支付自己的生活和插畫課，我覺得那些故事，統統是寫給一個在異國飄蕩的我。

我的生活進入正軌後，一度也走入了孤獨的境遇。孤獨可怕嗎？這是種無形的力量，它超越貧窮，超越窘迫，比想像中更有殺傷力，曾讓我尚好的生活顯得痛苦。可是，我在那樣的時間裡遇見了書中的李欣頻，她一天讀一本書看一部電影每年去一個國家的經歷，給了我十足的嚮往。後來讀到嚴歌苓，那書裡面的苦留學生形象和她自己對待寫作鐵一般的意志力，讓那時同樣在窮困中讀書的我有了掙扎的力量。後來再讀到村上春樹的人生，那份他曾經厭惡至極的酒吧生意讓我激起了多少共鳴，我學著和他一樣，在工作的間隙裡寫作，也在春天裡開始跑步，這是多好的開端，我終於瘦下來，那種熱愛人生的感覺，竟然越來越深重地體會著。在跑步半年後，我瘦掉十公斤，並且第一次超越了他的月跑步記錄，那成為我為自己爭取的，熱情也體面的生活態度。

直至今天為止，我還在承蒙正能量的關照，這些正能量漸漸讓我成為一個熱愛生活不斷進步的人，我也榮幸成為一個正能量的傳遞者。我寫著的文章，不介意剝開那曾經貧窮和窘迫的生活，如果可以讓一些經受著我曾受過的苦的年輕人看清未來的路——有些路雖註定不順暢，但最終一定會通向夢想，這豈不是會成為一些人的生命轉折？我堅持跑著的步，自制的生活，很高興讓一些苦惱於身形或其他什麼的女孩們再一次充滿希望地啟程，我發起的「用三十天堅持做好一件事」的活動，讀書看 TED 每天跑七公里，真心希望著那些迷茫的朋友重新找到目標。我常常心懷感激地想，再沒有什麼樣的成績，能比看到一個接著一個的留言這樣說「看了你的文字，堅持了你發起的活動，我變成了更好的一個人」，更讓我開心幸福。

一個人在沒見過這個世界的時候，大抵不確定自己想要成為怎樣的人，那些帶著正能量的人，給我展示了一種生活，也提供了未來人生中可出現的選擇。如果沒有這些正能量，我哪裡知道這世界上有些人十幾年風雨無阻地堅持每天跑十公里？哪裡肯相信一個人能夠靠自己遠走他鄉？哪裡知道一個人可以用一年看那麼多的書？哪裡見識到一個有夢想的人就算出身不好也註定可以靠堅持成功？哪裡肯承認這人生就是要不惜代價活成自己喜歡的樣子？正能量就是這樣改變了我的人生，緩慢踏實，它讓我這個原本愚笨的女孩知道，原來一個人可以找到那麼多方式，成為那個最好的自己。

我在微博上再次搜尋了老馬的名字，很遺憾沒有找到他。太多的老馬，他們開公司，做銷售，做城市中的佼佼者或普通人，固執守著自己的夢想，只可惜不是我從前知曉的那個人。不過這已經不重要了，重要的是，和那些當年家鄉裡坐在社區中聊別人閒話的人不一樣，我終於過上了自己想要的那種人生。

去接近一個「積極型」的人

人進步的最好方法，就是去接近那些充滿正能量的人，而更好的事情，是成為這樣一個充滿正能量的人，去改變去吸引更多需要這種力量的人。

我敢打賭說，不管你現在到了什麼年齡，居住在哪個城市，有一份怎樣的工作，是住在洋房裡還是地下室，每晚吃山珍海味或是鹹菜泡飯，你身邊經常接觸的人中一定會被分成這樣兩類人，一類是每次見面或聊天都是「老樣子」的那類人，和你說自己沉悶的生活，乏味的伴侶，甚至沒什麼前途的工作，那神情裡似乎沒有什麼關於未來的驚喜，讓你忽然想起幾年來你們的聊天都是這樣消極的語氣；而你身邊的另一類人，是每次見面都有新鮮事分享的男人或女人，他們不一定是你最要好的朋友，或許你們還在某些問題和價值觀上還有過嚴重的分歧，可是這場聊天卻充滿希望，資訊量極大，他用歡快的語氣和你敘述生活裡不斷發生的新鮮事，讓你覺得自己的生活中也有什麼地方值得改變或者嘗試。在他們的身上，有什麼東西在深深地吸引著你，以至於就算是十分鐘的聊天，都能賦予你更廣闊的思索。

我把第一種人稱為消極型朋友，第二種人稱為積極型朋友。

如果你不相信我的這番論斷，大可以打開聊天工具，群發一則訊息「你最近在做什麼？」我敢說，有相當一部分人會這樣回答你，「我能做什麼，還是那樣唄」，而有一部分人，會這樣告訴你，「我最近在讀某某的書！」「我這個月報了個進修班，想利用一下下班後的時間。」「我鍛鍊身體呢，剛跑完了五公里。」「我計畫兩年內去巴塞隆納旅行，正在做旅行計畫，你想不想和我一起去？」

如果你選擇和第一類朋友聊下去，我猜想你們聊天的內容大致會包括「無法上漲的薪水」「買不起的房子」「永遠在反對著自己的父母」，偶爾他或她會說到「我的女朋友（或男朋友）實在不理解我」或者「我明明努力為何生活依舊沒有半點起色！」你大概會附和著，繼而想到自己悲情的人生，也有著幾分相似的不容易；如果你選擇和第二種朋友聊下去，你大概會發現他或她的生活彷若是一齣傳奇，明明是每個人都公平享用著二十四小時的每一天，他或她卻有時間用來跑步讀書看電影，你們會聊到毛姆的一本書，李奧納多的新電影，公司旁邊新開的健身房或是令人心馳神往的旅行聖地。他或她似乎什麼都知道一點，可以告訴你剛剛發生的國際新聞，也可以推薦給你品味優雅的咖啡店，甚至連網路上最熱門的那篇勵志文章也能說上幾句，這讓你驚奇他或她頭腦中可以消化的資訊量，而我想當你們結束這番對話的同時，你也大概會在心裡激起這樣的想法，「要不然今天下班去那個新開的健身房跑步吧！」「要不要把他或她介紹的書買一本？」「我一定要加油啦！」

如果你真的開始了什麼實際的行動，在下班後去實踐那個第二類朋友所帶給你的啟發，那恭喜你，你成功地吸收了一個積極型朋友所帶來的正能量，而如果你選擇和第一個朋友把沉重的話題聊下去，我不確定你會不會成為那個「突然間受到鼓舞開始加倍努力」的那個人。

我有過此兩類型的朋友，平心而論，我無法對他們進行品格上的鑑定，大家都是善良可愛的女孩和小夥子，即便是「消極型朋友」，他們也有著自己充滿光芒的那一面。但是從能量的角度上來講，我從一個「積極型朋友」身上接收的正能量，永遠比「消極型朋友」多得多。尤其是在出國最初，經歷了浮萍一般的日子，身邊來來去去總是會出現不同性格的朋友們，這也讓我真切地感悟到處於一個「消極」環境和「積極」環境，對於一個人身心發展的巨大區別。

我曾經有過一段相當頹廢的日子，不知道人生的目標在哪裡，心裡明明知道「應該去努力」，卻不知道要從什麼事情上開始。那個時候身邊幾個經常接觸的朋友，大家生活上的狀態也差不多——和我一同租房的小夥子，他常常逃了課，在屋子裡沒日沒夜地打遊戲，泡麵和零食的盒子堆了一桌子，從門縫裡都能聞到腐壞的氣息；和我一起打工的女孩子，大概受盡了作為社會底層勞力的卑微地位，每每看見穿著昂貴套裝的客人，總是說著「我為什麼不是富二代」的喪氣話；一起讀書的幾個同學，把平日課堂用來睡覺聊天，在交作業前草草地在網路上抄一份，考試前連夜準備縮印版的複習資料，再想盡若干辦法帶進考場裡。那時的我，覺得自己的生活就是一個無底的泥潭，我沒有錢，沒有永久居留權，沒有男朋友，也沒有一個令我期待的未來。我覺得有那麼多雞毛蒜皮的小事讓我擔憂或者煩惱，我常常問自己「你人生的寄託在哪裡」，無聊害得我無法生出一丁點奮鬥的意志。而我們這些充滿了消極力量的人，像是在共同經歷著可怕的傳染病，無法抗拒又無時無刻地，互相殘害著彼此的希望。

我後來偶然認識了一個女孩，她是朋友的朋友，是永遠走在路上的旅行者，我們因此只有過幾面之緣，並沒有機會成為長久的朋友，但是就在這些短暫的相遇中，我卻從她身上學到了很重要的一課。我現在想起這個女孩，她的模樣已經模糊，可是腦子裡卻會閃現這樣的印象，她全身總是充滿鬥志，似乎永遠都是忙著的狀態，單身，生活的密度卻極高。每次見面，她總是會帶來一些不可思議的新鮮事，比如——「我上週去高空彈跳了！」「你知不知道《一路玩到掛》（*The Bucket List*）這部電影？我最近也在做『願望清單』（bucket list）！」「我找到一份在麵包坊的工作，很辛苦但是結識了很多有趣的朋友哦！」「我發現了一本好書，你要不要看？」客觀來講，一個普通旅行者的生活絕不富裕，她和我一樣沒有錢沒有永久居留權沒有男朋友，可我覺得她的生活充滿意義，比我的日子富庶了不只一點點。她教會我用一種更開闊的視野去面對人生，讓我意識到，我是如此年輕又如此幸運，人生有那麼多的事情可以做，雞毛蒜皮並不足以成為我的全世界。

我從很多「積極型朋友」的身上吸收過相似的正能量，比如，我和喜愛健身的朋友相約跑步，向愛好讀書的朋友請教書單，聽熱衷旅行的朋友講如何能夠用薪水階級的收入每年旅行一次……拜這些「積極型朋友」所賜，我的生活也因為她們發生了一些重大的改變，生活中一些細小的不幸不值得成為我放棄全世界的理由。我從那些積極的朋友那裡，瞭解到健身房在哪裡，哪些雜誌好看又有意義，我該如何為一場旅行做準備……我的世界，好像一直隱藏著一扇門，因為他們的到來，我得以拉開這扇門看到更壯闊的風景。

從心理學上講，人是群居動物，容易接受周圍人和環境的暗示。我至今覺得，人進步的最好方法，就是去接近那些充滿正能量的人，而更好的事情，是成為這樣一個充滿正能量的人，去改變去吸引更多需要這種力量的人。

我願你成為這樣一個人。

找到適合自己的交際圈

一個人要找到適合自己的交際圈，和同樣充滿正能量的朋友一起努力，
才能更快地成為自己喜歡的樣子。

我所以為的人世間第一大痛苦，就是處於一個不適合自己的交際圈。

幾年前我開始了國外的生活，最初的一切對我來說都是新鮮的，奧克蘭正是個膨脹起來的移民城市，一半是海灘叢林大草地，一半是商場飯店辦公大樓，二十萬的華人有十七萬都選擇定居在這裡，我也曾是其中的一分子，在踏上這片土地的最初，貪戀著它的好。

可日子真正踏實下來，我開始在學校和打工的地方穿梭，身邊一同學習和工作的朋友多起來，漸漸我也有了固定的交際圈。人常說在異國他鄉，能遇見都是緣分，然而那時我身邊的大多數緣分卻讓我時常覺得努力無益，人生艱難，夢想處處碰著壁。

那時我讀書的學校，很多同學都在期待把學歷作為永久居留權的通行證，一張畢業證書比學習的過程更加重要。一些人常常蹺課去打工，期末時再用打工的錢去交下學期重修課程

的學費，如此往復，兩年的課程延伸到三年。坐在我身後的女孩，每一次交作業前都要把我的那份拿過去抄，我拒絕後她翻著白眼說「真不夠意思呀！」甚至我那一向不願意聽課的同桌，在我奮筆疾書記下黑板上一切時，他居然把我當作怪物一樣看，「你怎麼要聽得那麼認真啊？那麼刻苦幹嘛呀？」

那時我打工的地方，一個三歲孩子的母親，婚內出軌，每天無暇顧及老公和孩子，在外假扮天真少女，每次風流過後總是拉著我問她是該選擇婚姻還是愛情。另一個同事，剛剛拿了永久居留權，恨不得滿城皆知，整個身體滿溢出來的自大，讓我每天抬起眼睛就能看見他那兩隻四角形的鼻孔。一個家境富有的女孩，每週來打幾個小時的工體驗一下勞苦人民的刺激，每一次見面都用一副「我這是為你好」的表情勸說我，「這麼苦就回國呀，你這過的什麼日子？」

那時一起租房的男孩，總是喜歡戳穿我的貧窮，看我臉上無處可藏的困窘；高傲的女房東，看著我停在外面的車子和身上的衣服也對我下了定義，從此總是一副唯恐我突然付不起房租的表情。甚至那些我自以為是同路人的朋友，也讓我一顆滾燙的心摔進冰雪地，我聽著她們說「你又胖了！」「你跑步能堅持下來嗎？」「出書哪有那麼容易，你小心對方是騙子！」

那大概是我奮鬥路上最黑暗的一年，也是最無收穫的一年。我處在一個非常熱鬧的交際圈，卻時常覺得孤獨，此後的我才意識到，人能體會到的最深刻的孤獨，不是你的周圍空無一人，而是你站在擁擠的人群裡面，而眼前卻看不到一個同類。在我那一年的交際圈裡，沒有一個人是喜歡讀書，跑步，寫作的，大家更看重的是，「你有永久居留權嗎？」「你有多少錢？」「身邊有沒有什麼勁爆的八卦？」我至此學會閉上嘴巴，不願意把自己的生活和任何人分享，也絕不想與誰發生半點的關聯。可當我去跑步，去讀書，去寫作，去拚命學習，去奮力賺錢，生活中卻依舊沒什麼美好的事情發生，我似乎隱約看見從那黑暗裡，投射來的一束束目光，在期待我在哪一刻摔倒，然後關切地走過來和我講一講他們的「早知道」。

我是個很努力很努力的女生，一直堅信這世上一切美好的東西，靠努力，就會得到。可我也是一個情緒很不穩定的女生，很容易受到身邊人的影響，那些來自交際圈裡的負能量似乎穿插在我生活的每個縫隙中，讓我無時無刻不處於焦慮中，甚至能聞到一股腐爛的氣息，就從我那原本聖潔的夢想表面飄過來。我開始無數次懷念大學時代，那時身邊的每個人都有所嚮往，在朝著光明的地方奔跑，一切看起來都充滿希望。而眼前的這些負面情緒，無論多湛藍的海水和多炫目的餐廳都無法令我開心起來，甚至讓我幾次在放學或者下班的路上哭出來，我覺得奧克蘭沒有一處光明的地方肯接納我，我也恐懼著，自己也許再也過不上那種想要的生活了。

終於有一天，我辭掉工作，打包行李，告別朋友，搬家到另一個城市，這個舉動在別人看起來一氣呵成，只是衝動的產物，然而我卻為這樣的決定醞釀了許久的勇氣，逃離奧克蘭似乎成為我遠離負能量的唯一選擇。

我在新的城市裡定居下來，那三個小時的顛簸路途和毫無定數的未來都讓我心生恐懼，然而我卻沒有預料到，這次逃離，竟然成為了非常有價值的一次決定。

我至今已經在這個城市中居住一年零兩個月，搖搖晃晃做過幾份工作，朋友三三兩兩地結交著，交際圈再一次被建立起，和幾年前不同的是，我很開心地發現，在我如今的交際圈中，生活著這樣一群充滿希望的朋友：

每週學習中文已經堅持一年期待今年去中國旅行的韓國小妞。

玩衝浪，跑馬拉松，每年遠行一次的三十二歲的單身女孩。

四十歲重返校園四十三歲成為高薪護士的兩個孩子的媽媽。

六十歲還在穿比基尼曬日光浴活得非常美麗非常瀟灑的阿姨。

……

我就是在這樣的交際圈裡，度過了自己最有所成就的一年，不得不承認，朋友的同化作用，太強大了。我無法想像自己在一個負能量的環境裡，是否還能堅持著讀書、寫作、跑步以及其他有意義的活動。很多時候，朋友就像是一扇窗戶，你打開某些窗戶，會發現「天氣陰沉，暴雨將至」。而你打開另一些，卻會由衷地感慨，「陽光充沛，生活真美好，這又是充滿希望的一天啊！」

一個朋友和我說過這樣一件事，她說自己剛工作的時候，為圖便宜把房子租在一個老舊的社區裡。住在社區裡半年時，聽說的盜竊事件已有好幾起，每天回家時都提心吊膽，總覺得社區裡的每個人都對自己有企圖，房東也常常苛責用水過多，合租的兩口子總是大打出手，偶爾搭同事的順風車回來，社區大樓底下坐著的老太太們就已經拿出批判的架勢，覺得她是被誰金屋藏嬌的女生，津津樂道著她的來頭。

後來朋友忍無可忍，咬牙拿出一半的薪水，在公司附近的上班族社區裡租到一間房，新的社區奢華很多，花園涼亭娛樂設施一應俱全，並且這裡每天早上五點鐘開始就有人跑步，大家進電梯時點頭寒暄，隔壁的鄰居常常送來自家醃的鹹菜，一起合租的女孩備戰考研究所滿身活力。

她說：「每天早上起來，告別家中端坐在書桌前複習功課的準考生，從社區走出去，看著那些剛剛跑完步大汗淋漓的人，還有那些打扮高雅準備去上班的高階上班族，都覺得這一天是充滿希望的。」

與此同時，我也想到自己近來的經歷，最近去不同區域的健身房裡運動，發現同一家連鎖健身房裡，其中的景象竟然大不相同，在同一個城市中，一個相對發達的區域裡的健身房，人人都抓緊一切時間運動，不肯浪費一分一秒，這讓我也絲毫不敢鬆懈。而在另一個相對落後區域的健身房裡，時常有幾個男人偶爾練幾下啞鈴，然後懶懶散散地坐在休息室的沙發上，專心盯著女人的屁股看，整個健身房內的氣氛讓我無心運動。再想想從前自己逃離交際圈的經歷，就不難理解，周圍環境對於一個人有著至大的影響，一個人的生活，很大程度上取決於身邊人的生活狀態。

從前的我很天真，總是這樣想，一個人只要信念堅定，不管在哪裡，都能成為自己喜歡的樣子。

現在的我依舊很天真，但卻這樣想，一個人除了信念堅定，還要找到適合自己的交際圈，和同樣充滿正能量的朋友一起努力，這樣才能更快地成為自己喜歡的樣子。

想想今後要發生的那些事，
現在的你會不會更努力？

女孩子，顏值不是你唯一的價值

再美好的容顏，若沒有豐富的內心作支撐，也就失去了它的意義。

一位男性朋友和我說過，很多年前因為公司業務認識一個女孩子。她總是穿著一身得體的ＯＬ套裝，看起來幹練又清爽，待人謙恭，做事嚴謹。在那個人人崇尚胡吃海塞的年代，她就懂得自律的魅力，每天下班後去游泳跑步，雖然看起來總是獨來獨往，但也帶著一股瀟灑的氣勢。幾個月相處之後，這個女孩子約他去看電影，他推脫，約他去吃飯，他推脫，最後乾脆直白地問他，「我喜歡你，可以做我男朋友嗎？」朋友也直白俐落地拒絕她，「你不是我喜歡的類型。」

我翻著白眼問他：「這麼好的女孩子，為什麼呀？」

他說：「那時候覺得她不好看。」

朋友說，後來和好多漂亮的女孩約會，一開始覺得人生無憾，可是後來生活就變成了吃飯睡覺心生無聊，最後分道揚鑣各走各路。一次業務往來，偶然遇見當年那個不好看的女孩子，她已經結婚生子，不僅這些年來在事業上闖蕩一番成績，整個人也煥發著三十幾歲女人不多見的神采。她自信，沒有突出的肚子，把在場那些憋緊小腹一臉化妝品的女人們全都比下去，人人都在心裡偷偷感慨一番，當年最不貌美的，如今倒成了最耀眼的。看著她在場的侃侃而談，自信優雅，朋友嘆氣，這一錯過，竟然在心底就惦記了這麼多年，現在再回想，覺得自己當年錯過的不僅僅是一個人，還是一段本可以更美好的人生。

我的朋友那時已經快進入中年危機，我還是個青春的小女生，他甘願把自己陳年的舊情事告訴我，是為了勸我走出一段難堪的感情，「女孩子別總把美貌當作唯一的籌碼，等你長大了就會知道了，有那麼多別的特質比長得漂亮重要得多。」我只是恨恨地覺得他在委婉地轉述著我的不好看，我還是在堅持著，「哎，但凡我好看一點，前男友就能多愛我一點。」

女人是不聽勸的，非得自己親自在感情裡摔個大跟頭，才知道原本自己不該受著這樣的苦。我手心感情線彎曲，談戀愛一向辛苦，他們不是劈腿就是不辭而別，留下我一個人和很多很多的眼淚。我把這一切都歸罪於我的不好看。

我大學時在語言學校就讀，那裡非常顯眼的一個特點，就是女生很多，均是膚白腿長貌美，隨便拎出來一個，都能去做模特兒。我特別憂慮，每每從鏡子中看見腿短微胖大餅臉的自己，就感慨，十八歲就敗下陣來的女孩子，還有什麼未來可言？我從那個帥氣的男朋友那裡小心翼翼地討著歡心，並不計較他時不時向漂亮女生那裡求一點曖昧。我甚至容忍他取笑我的胖，卸妝醜，沒氣質，他也說出了讓我怨恨了很久的話，「你看某某多漂亮。」我無言，看一段感情漸漸從濃烈走向慘澹。

人只能靠生活中鮮活的例子說服自己。我那時覺得自己活得完蛋，除去男朋友因為更美的女孩子離開我，更令人難過的是，臨近畢業時，原本信心滿滿的一場職場應徵，我都成為唯一被刷下來的女生，我看著被留下來的那些女孩子，無一不是美麗的樣子。羨慕著身旁那個美麗的女孩僅是因為美麗而不是成績被錄取，驕傲地抬起頭，我不禁低下頭走著回去的路，自卑到了極點。我在那冷去的夜裡，一個人坐在返回學校的巴士上，那一個小時的路程，我看著窗外漸漸暗下去的燈光，就像是看見了自己的人生——那本可以作為人性光亮的善良，誠實，勤奮，一盞一盞地暗下去。

我不只一次檢討過自己的不美麗，就像這是我人生中最大的汙點。我的鼻樑不挺，肩膀不直，一雙腿肚子粗壯，記得試穿一件衣服的時候，我誠實的室友評論著，「你的腿太粗，顯得頭太小啦。」大概我的男朋友也發現了這一點，他忍耐著，直到有美麗的女生對他敞開心扉，他終於得以棄我而投入另一個人的懷抱。我從沒有怨念懷恨他指責他，我只是怨著自己的不美麗，我希望自己可以和那個理直氣壯站在他身邊的女生一樣，擁有姣好的容貌，白皙的皮膚，纖細的小腿，以及那昂得高高的臉。那一定是一種特別好的感受吧？我站在陰暗的一角，羨慕又嫉妒地看著那些漂亮的女孩了，彷若這整個世界都是屬於著她們的，不可以分給我們這些平凡女孩分毫的燦爛。

我就在那種想法之間，隱隱地確定著自己是個失敗者，就連那快要步入中年的朋友講給我的故事，我也不屑地聽著，我的眼神質疑著，不漂亮的女孩能擁有魅力？這簡直是天大的謊言。很遺憾，我身邊那些不漂亮的女孩，她們或胖，或黑，或臉蛋黯淡，她們只能和我一樣，有著「朝三暮四」的男朋友，聽著時不時投向自己的嘲諷，連穿粉紅色的衣服都被說「沒氣質」，我們照著鏡子，一日一日地不開心。

後來出國，真正開始了對自我的探索。我不停地在問自己一些問題——我是一個什麼樣的女孩？我難道一丁點都不漂亮？不漂亮的女孩到底該找一個什麼樣的戀人？除了不漂亮，我就不能有點什麼屬於自己的可愛嗎？這些大大小小的問題，困擾著我。那時我每隔一段時間就要搬家，工作也在做著幾份，每天接觸的人太多，於是常常看見從身邊走過的那些陌生女孩們。她們昂著頭走路，給我一個個燦爛的笑容，我不解地望著她們——她們或臉上滿是雀斑，或身材上小下大，或眼角生滿細紋，她們之中的大多數並不是傳統意義上的「漂亮女生」，可她們看起來是那樣快樂。

這份讓我不解的快樂，我終於從身邊一些女孩的身上得到了最終的解答。

我在一份工作中遇見的林姑娘，她並沒有擁有天仙的容貌，並且常常對我自嘲般說，「哈哈，你瞧我這正方形的臉……」我仔細瞧著，偷偷地認可著她的話，可是她卻比我認識的任何一個女孩都瀟灑——她可以在一年內換三份工作，一份比一份好，她可以告訴我如何找到最便宜也最有特色的賣衣服的小店，她彷若永遠知道最好吃的甜點店，她和男朋友幸福地相處了七年整並且變成了老公。她就在用自己沸騰著的人生告訴我，其實沒有任何一點天生的缺陷，可以阻止你後天的幸福。我在認識她半年後再一次看向她的臉，那張不曾改變的正方形面孔，卻變成一番美麗的模樣，那是多麼美好多麼幸福的樣子，這讓我的價值觀也在悄悄變化著。

我後來遇見的另外一些女孩，對我的人生產生了很大的啟發。她們或黑著，或胖著，或臉蛋黯淡著，是第一次見面時就認定「不漂亮」的女孩們，卻在相處之後變成「我想成為的」那樣子——她們無一不在用自信的模樣創造著屬於自己的歡欣——我一起合租房子的女生，幾年來獨立堅強在社會中奮鬥出一方土地，我在健身房認識的三十五歲的姐姐，每日去健身房十幾年保持兩位數體重，我那曾共事的同事，把讀書學外語而不是看肥皂劇睡懶覺等當作日常，讓我目睹了後天個人成長的意義。這些事情，都讓我意識到不是所有女生都能天生美麗，但後天的努力，一定能讓你在顏值之外，找到自己可以牢牢抓緊並且不可取代的價值。

這讓我第一次發自內心地覺得，顏值不是女孩子唯一的價值，從前覺得一個女孩子若是「美」，那她便理應擁有萬眾矚目，事事順利的待遇，然而一個女孩子若如我一般普通，藏滿缺陷，那想必這人生一定辛苦，無論戀愛工作抑或生活都淪為不被重視的二等公民。

如今真正看到身邊女孩們的生活狀態，也笨拙地複製著林姑娘以及更多美好女孩的生活方式——我堅持著每天跑步期待保持平坦的小腹和健康的狀態，我勤奮工作努力賺錢靠自己去享受生活中的物質快樂，我寫作讀書看經典電影希望自己哪一天就可以成為談吐優雅的人，殊不知這些都在漸漸成為我引以為豪的驕傲。我依舊不漂亮，但沒有人再對我的顏值做出什麼嘲諷的評價，我發現這努力的姿態好像漸漸讓我活成一個可愛的人——可愛到，我不至於再為那些不值得的人流眼淚，我終於可以昂起頭走路，就像所有羨慕嫉妒過的漂亮女孩那樣子。

別誤會，我依舊想成為一個美貌的女生，我找適合自己的護膚品，買喜歡的高跟鞋和裙子，依舊會為別人一句善良的「挺好看」而感到開心，這樣「天生愛美」的意識從沒有消失過，但我的心裡也肯承認，再美好的容顏，若沒有豐富的內心作支撐，也就失去了它的意義。就像是奧黛麗·赫本即使在老去的時候，人們看著一臉皺紋的她擁抱非洲孩子的照片，還會發自內心稱讚她的優雅和美麗，而曾經美麗動人的伊莉莎白·泰勒卻因為無比懼怕衰老而成為一個滑稽的角色。但凡女人，須把容貌依附在才能抑或是品質上，才能發揮出永恆美麗的作用。

我想我也能漸漸讀懂當年那個男性朋友的故事了——原來「不漂亮」真的不會成為我永

久的絆腳石。現在隨便別人說什麼都好，顏值都不再是我耿耿於懷的弱點，我邁著粗腿大步向前走，昂著小小的頭，踏實努力地度過每一天，因為知道自己還會擁有更美好的人生。我依舊羨慕那些貌美的女孩子，但作為一個平凡女子，我也從不放棄對出色才能和美好品質的爭取，那些，是不僅僅能靠顏值取勝的領域。

至今還總是會遇見一些年輕的小女生，她們那麼地美麗卻不自知，總是在哭訴因為顏值而失掉的戀人或是機會。我恍惚間覺得這就是自己當年的模樣，只能拍著她們的肩膀，給她們講我見到的女孩們，然後輕聲地安慰著，心想大概總有一天，生活會讓這些傷著心的女孩們知道，身為一個女孩子，你絕對有把握，去擁有超越顏值的更多價值。

學好一門外語很重要嗎？

當一個人走出國門，最好的底氣和武器就是這一份語言。

我以為，我還以為，我竟以為，自己這個「三年級開始學英文」「高中時英文成績炫目」「大學以英文為主修」的人，會在飛出國門下了飛機的那一刻迅速融進紐西蘭的氣氛裡，可是落地一週後我在一家中國超市裡謀了差事，英文竟然還不及共事的柬埔寨小妹。看著她在那裡和客人談笑風生，我卻在來來往往的顧客中間，從那英式美式混雜的口音中找尋著自己熟悉的音律，然後多半以訕訕的笑為結束，「什麼？」「您說什麼？」「您能再說一次嗎？」

那是四年前自尊心所經歷的第一次重創，一直覺得語言是一個人走天下的拐杖，可誰知令我得意的行走工具卻在這裡被摔斷成兩截。我聽不懂超市裡顧客們說的話，看不懂西餐廳裡的菜單，不知道該如何坐公車如何搭火車，不曉得該從哪條路走進這陌生的文化裡。我走在街上，避開那些迎面而來的 hello 和 how are you，一張寫著「膽怯」的新人臉，只敢用餘光瞥著世界。我親手拿那語言的拐杖絆了自己的腳，想說的說不出，會說的不敢說，那些英文字母凝結成一塊大石頭，沉沉地壓在了胸口，而那時誰能想到，這是一個和英文相處了十幾年的人，如果留在中國，原本是要去當英文老師的？

那時內心煩悶，身體在異國，心和腦袋卻是中國式的，我吃中國飯，聊中國天，看中國劇，住在中國人的聚居區，如果關上門閉上眼，還以為紐西蘭就如夢一場。我的工作和生活都沒有新的突破，和合租的朋友抱怨時，他言簡意賅地回答我：「還不是因為英文不夠好？」我心裡悶悶地想「憑什麼這麼說」，他不理我，接起朋友的電話一長串嘰哩咕嚕的英文單字冒出來，推開門去他的當地世界裡消遣。我一個人待著，轉念又覺得，他的話不是沒道理。

我從常年坐在超市外的流浪漢下了手。他每天晌午就來，盤腿坐整個下午，一頂帽子貼著腳尖，開心時當作要錢的碗罐，不開心時即倒扣在地上，你想要給他錢他還不接受哩。他時常趁著超市關門前，從水果區抓幾根香蕉捧在懷裡，把一手掌的零錢散在我前面，得意地告訴我「不必找」。我趁機問他，「你今天好嗎？」「這是你的晚飯呀？」他多話，什麼都敢說，眼睛是不看著你的，心卻在和你認真交流，有時回答我「我很好」「我最喜歡吃香蕉」，有時也說一些瘋癲的話，比如生態平衡，環境汙染，政府事務……我從他那無常的談話中學著正常的英文，不知不覺地也變得熱切愛聊起來，平日裡不敢多瞥誰的目光，也敢用語言去代替了。

後來流浪漢走了，他大概找到了陽光更充足的領地，我著實感慨了一番，他向生命預支著常人所不得的自由，我們常人太懦弱，捨不得拿自己這份穩定的生活去瘋。他給我的陪練，我竟沒來得及付一份晚飯滿足他。

我下班後的時間開始變得緊張忙碌，一部分是要給拐角店裡買來的英文報紙，一部分是給堅決不看字幕的原版電影，剩下的那些時間就從二手書店裡把英文書一本一本買回來讀，那用筆勾出來的新單字，第二天就用進和別人的尋常對話裡。我抓住每一個機會去練習，把語言系統過濾得像嬰兒一般新鮮，和路人的對話，和公車站等車人的攀談，和同事的聊天，和顧客的問候，甚至那街邊的圖示，馬路上免費發的宣傳冊，都能讓我迅速地吸收新的知識。幾個月的瘋狂補習後，我的英文水準直線上升，人似乎也變得開朗自信，我不再只吃中國飯，不再只聊中國天，我從中國人的聚居區搬出來，終於落在了當地文化的領地內。

我終於換了工作，事實上那最初的三年裡我一直在為生活不停地換工作，可是這遊牧民族飄忽不定的日子裡，我的工作卻是一份比一份好的。在做專職寫作者之前，我的最後一份工作是在酒吧裡，這是一份把通曉語言提升為瞭解文化的那一個階梯。我每天站在吧台的後面，看那些不開心的男男女女從直立喝到趴下。人戀愛時智商為零，喝醉後則智商爆棚，他們和我長篇大論地講，讓我知道 Prince 的歌，知道賭馬的規則，知道海明威也曾經坐在酒吧裡寫故事，更讓我通曉那些奇怪的禮遇和罵人的話……起初我只是聽他們講，後來我也說，厚著臉皮勇敢地侃侃而談著，我令他們在迷濛中聽一個中國女孩講生態平衡，環境汙染，政府事務……他們從趴著又變回直立的嚴肅姿態。

我更從這語言的能力裡為自己「二等公民」的弱勢處境扳回一局。在紐西蘭結識的至交，遇見我之前的每個細胞都是用來反華的，有一次和幾個朋友去酒吧，正好碰見鄰桌的他，一副高傲的樣子目中無人地說「中國人真的不怎麼樣，個個沒有教養……」我藉著酒勁，跳起來和他大罵，從中國人一百多年來為紐西蘭做的貢獻，到他每週要吃一次的美味中國餐，我把中國人的重要位置說得頭頭是道。他怔住，看著眼前這黃皮丫頭，蔫了自己的脾氣，不住道歉，執意邀我去喝一杯酒。我惡狠狠地看著他：「以後別想欺負任何一個中國人。」他又端上一杯酒，帶那種事後感到害怕的表情，「罵人真道地啊……」

後來我們成為朋友，他心甘情願承認中國人的重要地位，只是心懷疑惑，「中國人努力又謙虛，可為什麼大家即使出了國還不喜歡說英文？為什麼大家好像都願意建一座高牆，把中國超市、餐館、酒吧，甚至修車行統統圍在裡面，而不願意走出來融入我們的文化呢？」

我曾經在一個奇異果工廠做過工，每天面對世界各地的打工度假簽證持有者，對此深有體會。整個工廠像個聯合國，大家來自韓國、日本、馬來西亞、阿根廷、德國、法國……我發現我的亞洲朋友往往習慣一碗飯一杯水在電腦前地活，很多出門旅行的願望都因「恐懼」

而作罷——「我聽不太懂別人講話的！」「如果訂不到旅館怎麼辦？」「如果迷路了怎麼辦？」而那些來自歐洲國家的朋友，雖然英文對於他們同樣陌生，但他們敢嘗試，橫衝直撞地往這文化裡闖，和本地人說起話來什麼詞都拿來用，即使很多次的對話聽起來讓人心裡偷笑，那英文單字若有個母親，她也要抓狂的。可偏偏就是這樣的人，用一年時間走遍紐西蘭的每個角落，帶著一口漂亮的英文回到自己的國家去，留我們在身後徒有豔羨。

我今年初開始學日語，每週二晚上出現在當地一所女校的教室裡，和另外六個同學一起學習。我的成績很糟糕，功底完全沒有其他同學深厚，可老師經常說的一句話是，「你不會，這才是你來這裡的原因。」我吸取學習英文時的經驗，對所犯的可笑錯誤沒有任何恐懼，並同時感慨，這些越說越流利的另一種字元，它們總有一天會給我的人生裡鋪進又一條路。

經常有人問我，學好一門外語很重要嗎？

我總是想，我們這海漂的一代，拿什麼站穩腳跟？拿錢，拿永久居留權，還是拿別的什麼？我不住地想起《北京人在紐約》裡的王啟明，最初下了飛機時連一句英文都不會講，一副愚笨的樣子處處遭人欺，誰都能憑這個給他一個不必遮掩的白眼。我漸漸發覺，當一個人走出國門，最好的底氣和武器就是這一份語言。這語言的好壞，決定你做什麼樣的工作，交什麼樣的朋友；這語言的好壞，決定你去西餐廳吃飯的時候，是對著菜單指指點點還是禮貌地點餐；這語言的好壞，決定你敢不敢當街和歧視你的人吵架，能不能從生活裡討一份公道，可不可以在陌生的文化裡穩穩地落了腳。

也許你聽完我的故事後會說，對於一個出國的人，學好一門外語當然重要，我又不想出國，也不是從事跟它相干的行業，學一門語言能有什麼用？

我一生中見過這樣一些因為「一門外語」而改變生活的人：一個畢業後堅持學英文的公司職員，在工作五年後作為辦公室裡說英文最流利的員工而被公派出國；一個為孩子的教育出國的四十歲媽媽，因為英文流利而得以在國外找到一份輕鬆的工作而不用做苦力；一個熱愛旅行的年輕女孩子，靠自己的語言天賦結交數個歐美朋友，每個暑假就得以去一個國家深度旅遊；一個英文好的媽媽，可以在家為孩子補習，而不必把孩子送去每個月花費人民幣數千元的外籍老師補習班……

所以，說著「學一門外語不重要」的現在，你怎麼知道一年後自己若是跳槽，人資不會問「英文什麼水準」？你怎麼知道三年後的自己說不定就決定出國留學？你怎麼知道五年後的自己不會為了孩子學英文而花費鉅款？你怎麼知道十年後公司不會派你去國外深造？怎麼知道自己二十年後不會來場環遊世界的深度旅行，可以隨心所欲，而不必跟緊旅行團裡的導遊處處戰戰兢兢？

你又怎麼知道，這一門外語，說不定就打開了隱匿在人生中許久的一扇門，讓你看到門

外面那站在艾菲爾鐵塔下，海德公園裡，雪梨歌劇院中，又抑或在職場中叱吒風雲，事業風生水起……那些無數種可能之下的，那個你未曾知道的自己呀？

有些路雖註定不順暢，
但最終一定會通向夢想。

為什麼去好一點的餐廳吃飯很重要？

原來這世界上，還有那麼好的生活，而那樣好的生活，我也值得去擁有。

我二十三歲開始獨立生活，賺得第一筆辛苦錢的時候才知道了柴米油鹽貴，買東西東瞧瞧西瞅瞅，彷彿它們都長了爪子似的要翻進我褲兜。我把錢包捂得死死的，對什麼花費開銷都摳門起來。

那時認識了一個朋友，同樣是賺辛苦錢的普通女孩子，每天一同相約去打工，做的是為人端茶倒水洗盤子的工作，下班後進出華人超市買便宜蔬果，再提著大大小小的袋子去趕公車。我們明明把日子過出同樣的節奏，可我就是隱隱約約覺得她有哪裡和我不一樣。

我那時睡眠極度缺乏，每天早上挨到「非起床不可」的時候才一躍而起，胡亂穿進一團皺的工作服，再塞一把麥片進嘴裡，就飛奔似地出門趕公車了。等我出現在打工餐館門口時，必定一副慌張的形象，幾絲頭髮含在嘴裡，工作服褶皺不堪，肚子在午休前都是「嘰哩咕嚕」地響，像是吃了一隻飢餓的貓。

可是那女孩不一樣，她對吃穿很講究，這種講究和奢華並沒有一點關係，而是她堅決在上班前兩個鐘頭起床，好好做一頓早餐，穿上前一晚就掛好的工作服，梳好頭化好妝，然後整個人一絲不苟地來上班，我常在心底羨慕她的氣質，覺得她看起來就是那種若穿了假名牌也不會讓別人拆穿的人。

聽說女孩有一個習慣，每週雷打不動地去外面的咖啡館吃一次早餐。有一次她約我一起，就在那個我幾乎每天去上班都會經過的，看起來非常昂貴的餐廳。那裡門面莊重，裝潢高雅，輕音樂總是飄到街上來，我從未駐足過，每每看見打扮精緻的婦人坐在陽光下輕啜咖啡，還有那些手捏合約穿著體面的生意人，我總是低下頭，覺得自己並不屬於那一類人。

那天我欣然前往女孩的邀約，期待著見識一下咖啡館裡的早餐有多奢華，然而在那份早餐被端到我面前的時候，我卻大吃一驚。

厚實寬大的白盤子上，食物擺盤精緻，可分量實在稀薄，我顯然過分地高估了它的內容。

兩片烤吐司，兩個蛋，一點奶油蘑菇，一團煮菠菜，一塊薯餅，兩片番茄，我一邊吃一邊覺得不值得，鼓著兩個腮幫子和女孩說：「太失望了，還以為他們的早餐有多豐盛哪！」

我自以為聰明，給女孩算了一筆帳：「你瞧，外國人早餐裡面有什麼呀，超市裡最便宜的白麵包一整條只賣一塊錢，一打蛋才兩塊錢，菠菜番茄蘑菇也都不貴，薯餅也可以買冷凍的，划算得很，這一頓要是在家裡做，算下來才不過五紐幣，我們花二十多塊錢在這裡吃一頓，多浪費呀！」

我絮絮叨叨，一刻不停，惹得她大呼，「我吃的不是早餐，是情調！」

我在回家的一路上都心疼著：「天哪，什麼樣的情調能值二十多紐幣？」

我後來生活好了很多，依舊對吃抱有比較低品質的要求，覺得吃飽比吃好重要得多。

比如，有朋友相約出門，正為去哪家餐館而猶豫不決，我就會提議：「我們去吃自助餐吃到飽吧。」

國外的自助餐館非常適合貧民階級，不用管食物是否新鮮，味道是否合胃口，光是從這一排逛到那一排的冷餐熱餐都能讓人覺得占到了便宜。我一度熱衷著這些一頓飯管人幾天飽的地方，好像那些餐廳的破舊牌匾就代表一張憨厚的大胖臉，和我說「來嘛來嘛，我們便宜又實惠」。

我也固執地執行著省錢之道，能在家做的飯菜就絕對不去餐廳裡點。

比如朋友堅持在貴死人的日本料理店裡吃鮭魚，而我花同樣的價錢從超市把半條都買回家，七剁八切後胡亂堆了滿盤，吃相凶殘地對朋友說：「看看，這不是一樣的嘛。」我又對那些去高級餐館吃炒飯的人無法理解，總是拿出一副說教的語氣：「拜託，家裡都可以做的呀。」

直到這些固執的舊觀點遇上了一次約會，我的某些想法才發生了改變。

有一個風流倜儻的男人約我吃飯，選中一家義大利餐廳，那是家隱藏在城中心高雅又小眾的餐廳，據說以價格昂貴和分量極少而出名。我心有竊喜，穿上久違的緊身裙，十公分的高跟鞋，假裝高雅也腳尖腫痛地去赴約。

那是我第一次在一家正經的餐廳裡吃有前菜、主菜和甜點的三道餐。餐廳環境優雅，氣氛怡人，空間不大，從裝潢到員工都是純粹義大利屬性的。漂亮的女孩子彈著鋼琴曲，服務生點燃我桌上的蠟燭。我拘謹落座，偷偷觀察了周圍吃飯的男人女人們，發現他們無論年齡，均是身材勻稱，穿著體面，舉手投足都是一股高貴氣。

我猜想著「這大概就是那些做律師，做生意人，做金融分析師，多金又多才的那一類人吧」。這樣想著，我也不自覺憋緊了小腹，提醒自己萬不可出了醜。

那是一次非常美妙的餐廳經歷，除了面前的男人，一切都令我心生嚮往。那家餐館的前菜、主菜和甜點，裝在純白厚實的盤子裡，均是女人拳頭般大小的分量，卻精緻而悅目。燭光在眼前發出輕柔的光亮，耳邊是悅耳的琴聲，周圍是體面又優雅的人，那一刻我的胃口半空著，心卻是暖飽的。

那晚回家後我就已饑腸轆轆，煮了泡麵來充饑，午夜時分，小鍋裡的水翻騰著，泡麵香濃的味道瀰散開來。那碗麵醬料十足，分量驚人，可是我吃著吃著就放下了筷子，覺得這裡面少了一種味道。

我漸漸捉摸出，這泡麵裡缺乏的味道，就是一首舒緩的鋼琴曲，是桌上淡淡的燭光，是精緻悅目的擺盤，是那些舉止優雅的人，還有我憋緊小腹經過洗手間的鏡子，突然覺得自己也挺美好的那一刻。

突然想起當年結識的女孩的那句話：「我吃的不是早餐，是情調！」瞬間理解了超市裡兩塊錢一打的雞蛋放到家裡煮和咖啡館的有什麼不一樣。我也忽然就理解了那些堅持到日本料理店去吃鮭魚的人，還有那些去高級餐廳點炒飯的人。

不是所有在價格上占便宜的東西都能帶來和餐廳同等的價值，或許大家去好一點的餐廳吃飯，並不是為了食物本身，而是為了走進那樣一種氣氛裡，坐在那裡就能感受到，原來這世界上，還有那麼好的生活，而那樣好的生活，我也值得去擁有。

那次約會後，我的心態就發生了一些變化，那些感官的美好畫面統統埋在了心裡面，隱隱變成了一種潛在的動力。我開始注重自己的儀表，舉止，穿無褶皺的工作服，化一絲不苟的妝，努力地去賺錢，對待生活虔誠又莊重，多了很多儀式感，而每次路過那些咖啡廳，儘管是走在一條去洗碗的路上，我也夢想自己有一天也可以成為那一類人——在陽光正好的早晨，坐在一間咖啡館陽傘下，輕啜一杯咖啡，體面，成功，精緻，優雅。

有一天路經家附近的外賣店，才想起已好久沒有光臨它，我曾經無比貪戀它價格便宜分量十足，完全不顧服務態度極差或食物賣相有多糟糕，依舊能吃個胃口歡暢。可那一天我駐足在它的面前，透過玻璃門往裡面望去，不禁心裡一驚，從裡面走出的那些穿著睡衣睡褲看起來疲憊又邋遢的客人，就是我曾經的樣子啊。

我開始喜歡去好一點的餐廳去吃飯，這也幾乎成為每週最令人期待的事。

挑一個清晨去小清新的咖啡館吃早餐喝咖啡，或者在領到薪水後的那個晚上，拿出衣櫃深處不常穿的禮服，蹬上那雙漂亮的高跟鞋，坐進一家情調優雅的餐廳裡，往往還未開始享用美食，就已經覺得生活美好。

這件事也在不知不覺中成為檢驗自己生活的標準，從最初走進昂貴餐廳時的不安，到漸漸的從容，從拿起菜單時的小心翼翼，到可以點最貴的那一道也不會擔心破產，這也未嘗不是自我的昇華。

如果現在有人問我，你覺得偶爾去好一點的餐廳吃飯很重要嗎？

我想把一個朋友說過的話分享給他，「沒有動力去賺錢的時候，就去好的餐廳吃頓飯，吃最貴的主菜喝最貴的酒，再看看身邊的人，就知道你和成功，還有多大的差距，保證你出門後就打算用百分之二百的力氣去努力。」

真的，坐在天空塔的旋轉餐廳裡，被一些優雅的人包圍，從面前那盤精緻的魚排上切下一小塊，慢慢享受一杯紅酒，在距離地面一百九十公尺的高空看城市的夜景，絲毫不心疼這

一晚已經花掉這週薪水的五分之一，因為隱約就覺得哪裡有一種聲音，正在提醒未來的我，你要加倍努力，去擁有這樣的生活。

生活中一些細小的不幸，
不值得成為我放棄全世界的理由。

努力才是人生的常態

旁人總以為這努力是辛苦，可我卻偏偏覺得這是我的幸運，
因為這份努力從來沒有辜負我。

在遠走他鄉前，我是一個從不怕寒冷的東北孩子。我的冬天，是降臨在我媽織的毛線手套和我爸做的白菜燉豆腐裡的，我早已習慣他們替我把這厚重的嚴寒擋在窗外，讓我在天然冰箱般的城市裡也時刻置身於二十三度的溫暖中。可是那遠行的一年卻讓我發現，奧克蘭不一樣，那是離開家的地球另一端，它的冬天是突然的，肅殺的，隨著一陣冷風撲面而來的。這裡不是家鄉，沒人給這可怖的季節添點溫情的味道。

我至今可以無比清晰地還原那個傍晚。我剛剛結束在亞洲超市裡一天的工作，神色疲憊地走到公車站。這是我來到國外的第一份工作，可那每小時十紐幣的薪水讓我開心不起來，我就像是挨了成人世界裡的第一記悶棍，那一刻我的心裡只有兩種絕望的情緒相互交替著，一種，是為一份站了整整十個小時的「底層」工作，另一種，是剛剛錯過了六點十分的那班

公車。我坐在公車站的長椅上，幾乎要哭出來，這下一輛不知何時才來的車，就讓我像「等待果陀」那般無望。天就這樣暗下去了，不一會兒就黑了整個頭頂，一陣風吹進了我單薄的衣服裡，你看，一個稱不上是故鄉的地方永遠冷漠，這強盜般的冬天也來了。

這時我的身旁啪唧坐下一個金色頭髮的小妞，她動作大大的，毫不客氣，有點天真的男孩子氣，一雙藍眼珠也毫不懼生地看向我：「你好啊！」

我低聲地回應：「你好。」我盡量避開她的眼睛，壞情緒讓我不想和任何人講話。

她卻滿是聊天的興致，白皙的手指指向不遠處的燈光：「我剛剛下班，你看，那就是我工作的餐廳！」我的眼睛看過去，那是一家典型的西式餐館，以「繁忙」而著名，常常到凌晨還燈火通明。我不禁多看了她一眼，她大概和我同歲，顯老的白人基因讓她的眼角有了兩道淺淺的皺紋，她的鼻子凍得通紅，黑眼圈有點嚴重，但那眼神裡卻沒有半點的疲憊。

我依舊心思沉沉地說：「哦，那裡一定很忙吧？我也剛剛下班，只希望這公車快一點來，你我就可以早一點到家了！」

她說：「哦，不不，我不回家，我還有第二份工作哩！」

我驚訝地張大嘴巴，脫口而出：「天哪！你不累嗎？你每天工作多少個小時啊？」

她哈哈大笑：「我每天就睡四五個小時吧，不過沒關係，我就要買車了！」

她看我大張著嘴巴，還以為我沒有聽懂她的話，神采飛揚地向我解釋：「嘿，我為這車存了幾個月的錢了！」

我們彼此間的邏輯在此刻錯了位。我沒有及時在「買車」和「打兩份工的辛苦」之間建立必然的聯繫，她沒有理解我還沒來得及扎根的生活讓我的思維受了限。我是在那輛載我回家的公車上讀懂她那番話背後隱藏的含義，「我打兩份工是為了要買車，這份努力是順理成章的呀，有什麼好委屈好抱怨的呢，應該高興才是呀！」於是走下公車的時候，這夜還是一樣寒冷，我卻忽然覺得這生活多了一個思考的層次——如果這份每天要站十個鐘頭的工作，是為了搬去一個地點方便一些的出租屋，是為了買輛車而不必再等公車，是為了作為一份更好工作的跳板，那麼現在這份起早貪黑的努力，哪裡還會有什麼值得委屈的呢？

現在回想，這絕對是我在國外上的第一堂課，我走進人生的教室裡，看見黑板上用這樣一句話歡迎我：努力才是人生的常態。

後來我的生活一度比「每天十小時站立收銀」還辛苦，打工——在幾份工之間穿梭，讀書——靠一杯接一杯苦咖啡熬夜寫作業，堅持寫作——把所有見縫插針的時間都撿起來供文字使用，我像一個從不停歇的馬達，用衝鋒的姿態，為自己在異鄉的土地上拚著一點江湖。每當被人問起「這麼努力幹嘛呢」，我都能想到幾年前生活中的那段插曲，內心就會激起這樣的感觸，「可是這麼好的日子，不努力又能去幹什麼呢？」我真想把自己一步步穩定前進的生活展開給旁人看——因為打工賺錢能夠去交學費，因為認真讀書得了一份好工作，因為堅持寫作終於可以在網路上發表文章……旁人總以為這努力是辛苦，可我卻偏偏覺得這是我的幸運，因為這份努力從來沒有辜負我。努力多好，近一寸有一寸的收穫，多一分收穫生活就多一分歡喜。

一轉眼已經來到國外四年，這裡依舊沒能成為我的家鄉，並不是每一刻都有能踩緊的土地，可是感謝這次遠行，一場場文化的碰撞，將我的思維裡注入了不同的思考方式，這比我在學校中待的十幾年，對人生產生的作用更要深遠。西方人的思維直接，簡單，沒有拐彎抹角的路線。感觸最深的，是他們把努力當作生活中理所應當的部分。我看到這裡十幾歲的青春期孩子，在週末去幫鄰居剪草坪，或者在清早挨家挨戶送報紙，以此換取看電影買遊戲的零花錢；我看到二十歲的大學生，為四年的學生貸款在麥當勞打零工，或者為自己的房租和週末晚上的啤酒在餐廳裡端盤子，就連我房東那五歲和七歲的孩子，因為央求父母買了iPad，都要為此用洗碗晾衣服清潔自己房間的勞動作為償還……我無時無刻不在這樣的文化中看到，這人生，任何時候都要為自己負責任，因為生命中沒有絕對的依靠，有一條道理簡單而實用，努力，就有收穫，沒有努力，就沒有所得。

我常常聽著中國留學生抱怨「為什麼爸媽不能給我買這個……」，也看到有些年輕人和當初的我一樣因為做著一份「底層」的工作而滿臉委屈，這時就會想，到底是什麼讓我們和當地人如此地不一樣？細細想來，我們的世界裡好像缺少一種「十八歲後已成人」的情感儀式，即便已到了應該獨立的年齡，也是「未斷奶」的狀態，很自然把父母的擁有理所應當地據為己有，一旦在這成人世界裡經歷一點真實的辛苦，都輕易把它當作委屈，並未察覺這每一份努力，都在為著「一無所有」的自己做累積，而複雜的人際網絡又讓我們活在旁人的世界裡，「別人的擁有」，「別人的質疑」，這些很容易會讓內心不堅定的人忿忿不平地想「我為什麼要努力呢？」這樣無法發自內心的努力，讓很多人鑽了牛角尖，悶悶不樂地在生活裡被動前進著，遠不如西方人拚搏時那樣地瀟灑。我時常想，到底是西方人把人生中所有複雜的問題簡單化，還是我們，把人生中原本應該簡單的問題複雜化了？

我相信不是所有人的生活都會一帆風順，沒有人能天生擁有一切，也不會保證沒有跌倒的時刻，但是努力，就是上天的補償，因為努力代表「改變」，這「改變」就是一種希望。如果想成為一個博學的人，那麼就去努力讀書，別去在意有人問你「讀那麼多書有什麼用呢？」因為只有你最清楚自己的堅持；如果想成為一個經濟獨立的女孩子，就努力賺錢，別人說起「還不如嫁人」的時候，就告訴他「那不是每一個女孩的歸宿」；如果想成為一個身材優美的人，那就去努力運動，不要因為別人說了「不覺得運動有什麼效果」的話就半途而廢。看看身邊靠努力成功的朋友，他們從來不抱怨自己的辛苦，也不去理會別人的聲音，因為努力就是人生的必經之路，這是心甘情願的公平交易。當努力成為了人生的常態，那你的生活就一直充滿希望。

如果現在的你正在為自己的夢想一刻不停地努力著，卻忽然有人打斷你：「哎呦，那麼努力幹嘛呢？」

你可以用堅定的眼神看著他，就像在闡述一個天大的祕密，鄭重地說：「因為呀，努力才是人生的常態。」

如果他沒有聽懂你的話，那請你一定問問他：「太愛惜自己羽毛的鳥兒，怎麼能夠飛得遠？」

窮為我的獨處造就了絕佳條件，
我學會了如何和自己相處，
也學會了在窮裡自尋歡樂。

一個海外漂的心裡話

如果說不必堅強，不必努力，不必拚命，那誰又能來替我實現夢想呢？

如果我現在對人說，我今年二十七歲，住在幸福指數世界排名前十的國家，這裡全年陽光充足，出門就是海灘，並且想住多久就住多久，大概會引來很多人的羨慕，可是在我二十歲出頭剛來紐西蘭的時候，一個合租的三十一歲中國女孩，冷眼對我說，「真是受不了你們這些剛大學畢了業就出國的女生，根本還沒有什麼人生經歷就出來了，等到時候國外留不下來，國內你又耽誤了一年，好工作也沒有了！」我那時辛苦，架都懶得和她吵一句，可事實上，我也心虛到不敢吵，蹲在奧克蘭的街頭，滿眼都是二十幾歲中國女孩走得急急的腿，幾乎每個人都暗暗為自己鋪一條移民路。

我那時拿著打工度假簽證，是那一年搶到名額的一千名幸運兒之一。這張簽證在最初發放的時候本著鼓勵年輕人旅行的意圖，可最後卻成為很多「窮人」一腳踏入紐西蘭的入場券。這張入場券等同於一場音樂會後排角落的位置，限制諸多，角度欠佳，還會被保全隨意推搡，偶爾前排的人也會轉過頭，上下打量你這個買不起票的「鄉巴佬」。所以你大致可以想像到以這種方式出國的日子，不被彩券砸到，生活就一直戰戰兢兢，也註定是辛苦一場。

有很多朋友問我是如何克服「旁人的不理解」還有「家境普通」這兩個因素出國？這問題很難去解答，看起來頗為相同的境遇，可光是「旁人有多不理解」以及「家境有多普通」這兩個問題就能讓答案千差萬別。我只能提供給所有人一個萬能的解決辦法——如果一個人真的把某件事當作夢想，那麼再大的阻礙都會有辦法克服。

可是我卻不能不以一個海外漂的身分來提醒大家，對於一些已經萌生出國想法的朋友，最大的擔憂或許不是雅思能考多少分，現在選什麼主修，去哪個國家，最重要的是，一定要想清楚這是一條怎樣的路，並且要做足吃苦的準備（家境富裕不需要吃苦的朋友們，這裡請自動跳過）。那年一起合租房子的三十一歲中國女孩，落在我身上的冷眼並不是沒道理，當初一同興致勃勃地踏上這片土地的年輕人已經離開了三分之二，而其中又有相當一部分人為這段經歷後了悔，原來，出國前看到朋友們曬在網路上的在國外吃喝玩樂的照片，不足以成為外面世界的生活標準，那只不過是衝破了重重陰影，從一道縫隙中透出來的稀薄的一小撮光明。

最近幾天看《公主我最大》（*Ultra Rich Asian Girls*），看著從小隨父母移居加拿大的中國女孩們，買 Prada 跟買菜似的，喝拉菲紅酒跟喝水似的，買房跟買車似的，最開始這些都令我大開眼界，可後來漸漸覺得花錢的方式翻來覆去就那麼多，其實若是去拍「Ultra Poor Asian Girls」（可以為它取名《異國落魄女》），講講我們這些失魂落魄的女孩們，節目看起來可能會更有滋味。我寫過一篇叫作〈女孩，你窮不是因為你爸媽〉的文章，裡面寫了一個靠自己出國奮鬥實現夢想的朋友大白，後來文章被幾個微信大號轉載，我卻發現評論中有八成的人都在說著「能出國的人日子還能那麼苦？屁咧。」我灰溜溜地從千夫所指的網路斥責中逃出來，卻看到眼前——出國六年的女孩還在給家裡寄錢蓋房給弟妹交學費，陪丈夫來讀博士的妻子在餐館裡洗碗補貼家用，甚至一個朋友和我說過「我週日做一大鍋飯，分好份，凍上，每天帶午餐」……如果你也站在我的面前，大概會和我發出一樣的感慨，大白的日子其實根本算不上辛苦呀。這世上，富有的生活都是相似的，但窮苦的日子卻各有各的心酸。

如果你看過《北京人在紐約》，可以腦補一下這種辛苦。王啟明剛到紐約的時候，因為生活拮据，只能住在地下室，靠自己從前拉大提琴的雙手在中餐館裡洗碗來維持全家生計。後來經過多年奮鬥，王啟明終於有了自己的工廠，生活富裕起來，也把讀國中的孩子接到美國，女兒卻因為看到爸媽已離婚，而百般埋怨，罵他是冷血的臭資本家，而多年以來承受著巨大壓力的王啟明，再也無法控制自己的情緒，手中拿著女兒的唱片吼道：「你知道你爸爸沒錢的時候是什麼樣嗎？這張唱片，值多少錢，十塊錢，可是你爸爸，當時為了賺兩塊錢，我得騎個自行車，跑個幾公里，有時候我會更遠，你知道嗎？我不管下多大雨，颳多大風，下多大雪，我得給人家那一口熱飯吃，我得按時把飯送到，我就得這樣，陪個笑臉，我就跟個孫子似的，我是臭資本家？我為了賺第一筆錢，我七天七夜每天睡兩個小時的覺，我差點淹死在澡盆裡，這是你爹，我當臭資本家，我得先喝自己的血！」

說到這裡可能一部分想出國的朋友都打消了主意，也有一部分要問我「那麼辛苦為啥還要出國呢？」借用一個去美國讀書的網友的話來回答，「許多勇敢踏上征途的孩子，都有一個遠方的夢。如一九九九年我讀小學，指著《牛頓》（*Newton*）雜誌上介紹的美國頂尖實驗室跟我媽說，長大要去那樣的實驗室留學當科學家。二〇一二年我帶著那本雜誌踏上了美國，二〇一三年終於進入實驗室。」是啊，如果家鄉能實現夢想，誰還去遠方？

暫且拋開純淨的空氣，怡人的風景，溫和的氣候等一切自然環境因素不談。我在紐西蘭遇見過一個中國老伯，他跟我說，「我的老伴突然心臟病發作被送進醫院，那麼大的手術，住院又那麼久，沒花一分錢」，這就足夠令我深思，還有那些有關學區房的報導以及辭掉中國高薪職務來這裡只為了孩子教育的父母們，也會讓我對未來有著淺淺的憂慮。一個成年人的世界裡，只有夢想沒有責任，是自私的，只有責任沒有夢想，則是無趣的。我生命的一部分，用來為父母的晚年奮鬥著，一刻不敢停地努力，就是想讓爸媽盡量早地看到這裡的藍天和海灘，享受到溫泉和紅酒，也再不用為了什麼突如其來的事故操碎了心。剩下的一部分我，才有資格去遵從夢想，很早以前的自己就想做個遊走遠方的女孩子，用自己的能力，住進一個小農場裡，遠離人群栽進書海，寫作畫畫看星星，不去見不想見的人，不去做不想做的事，只求活成一個快活到誰也無法對我下定義的女子。

所以哪有什麼是值得抱怨的呢。連續兩個朋友問過我「最苦的時候是什麼支撐著你不放棄呀？」我都答不上來，只知道自己從未想過回頭，腳下這條不正是自己選擇的路嗎？我只是相信，世上幾乎一切美好的東西都是苦的，咖啡是苦的，菸是嗆的，酒是澀的，連忠言都是逆耳的。在國外看到那些富起來的一代移民，很多人羨慕他們如今保時捷開著拉菲喝著雪茄抽著，但誰知道這其中的很多人最初連ABC都不會就赤手空拳出來闖了，他們二三十年前在這裡開小餐館，做清潔，去工地搬磚，在異國的土地上牢牢抓緊一條救命的繩索，吃力又拚命地往上爬，現在才有資格坐在這裡歲月靜好，雲淡風輕著。所以我一向很排斥那些反對女孩子努力的言論，「歲月靜好」是有前提的，「雲淡風輕」也是有條件的，對於一個平凡的女孩來講，如果說不必堅強，不必努力，不必拚命，那誰又能來替我實現夢想呢？

夢想的實現過程，本身就是一場無形的苦旅。但這苦旅，又何嘗不是化繭為蝶的過程。人最好的成長方式，大概就是把自己置於舒適圈以外的地方，在那些未知的領域裡，用一場場掙扎，真正地學會容忍，堅強，抗爭，學會該如何一個人長大，學會該成為一個怎樣的人，學會去選擇一種不隨波逐流的生活。

小時候去補習班上過幾堂寫作課，老師給我們安排作文題「幾個小朋友商量明天去動物園玩，有幾個人說天氣預報明天有雨，決定不去了，另一些說也許不會下，於是決定明天出發。你是選擇去還是不去？只能選一種。」

我回答：「我想明天如果不下雨我就去，如果下雨我就不去。」

老師說：「可是你只能有一個選擇啊！」

他哪裡是在講什麼動物園，分明就是在講人生。

也許不管走到哪裡，人都必有得失，海外漂的這條路上，更是如此。二十幾歲辛苦奮鬥姿態疲憊的人，往往沒看到三十幾歲時不必擔憂父母醫療保險和不必為孩子找學校四處奔波的輕鬆生活，而三十歲享受沙灘美景處處旅行的人，又忘記了四十歲時的故鄉或許已成為一條越來越陌生的路……

很喜歡阿春在《北京人在紐約》裡說的一句話：「美國既不是天堂，也不是地獄，美國是戰場。」

看看這異國街頭走過的黃皮膚的男人和女人，我們何嘗不是一個個穿著隱形鎧甲的戰士，從大洋彼岸漂到這裡的那一刻起，就開始為愛情，為生活，為夢想而戰……我們從此成為這一片土地上的遊牧民族，只有靠努力去扎根，而這些為了更好的生活一直未曾放棄過的信念，也許就是我一個海外漂最真誠的自白。

一個中國獨生子女的自白

一個獨生子女，最大的不孝，是遠行。最好的彌補，是拚盡此生去努力。

小學二年級時班級裡來了一個轉校生，她的長相太不斯文，個子很矮，嘴巴很大，眉毛旁有塊疤，說起話來嗓門奇大，聲音粗啞，頭髮瀏海油膩膩地塌在腦門上，衣服總像沒洗一般，常拖著兩條鼻涕，拖久了就擦在袖口上。

孩子簡直是世上最邪惡的生物，我們都覺得她髒，迅速和她劃清了界限，惡作劇的時候想著她，玩遊戲的時候繞過她，讓她眼巴巴地饞著，等著，被捉弄著。她倒並不顯得多介意，很知趣地，避開人群一步，眼裡盛滿羨慕。

後來她得了癲癇，總是突然發病，讀著讀著書就倒地口吐白沫。有一次我被老師點名派送她回家，就這樣第一次走進這樣的家。

我從未知曉這樣的地方也叫「家」，如同地下室一般陰冷的出租屋，十幾平方公尺，沒有窗戶沒有陽光，分不出哪裡是客廳廚房臥室，像樣的家具只有一張床，鍋碗瓢盆洗漱用具全都擺在水泥地上，亂糟糟地壘成一座山。我探著腳尖，猶豫地往前走，角落裡窩著的一團生物嚇了我一跳，他咧開嘴，一臉頑皮的笑，那是她弟弟，衝著他姐姐喊「姐，我餓啦！」

於是我就看著那個不到十歲的女孩，不顧剛剛犯了病，像模像樣地生起火做起飯。那麼冷的冬天，他們就守在這沒暖氣的屋子裡，父母在零下三十多度的天氣裡賣糖炒栗子，沒日沒夜地辛苦著。

後來她的弟弟也到了上學的年紀，她父母不再賣糖炒栗子，而是開起了小飯館。她就扮演起媽媽的角色，她買菜做飯輔導弟弟功課，為弟弟在學校的調皮搗蛋買單，甚至有一次代替爸媽去給弟弟開家長會。老師攔她在外面，她央求著說：「老師，你讓我進去吧，我媽還等著我去餐館幫忙……」

我那時常有去老師辦公室幫忙的殊榮，偶然的一次聽到幾個老師在講，「哎呀，你班那個誰誰誰，他們家就為了生個兒子，從老家一路逃，逃了半個中國，跑到這兒……」

從那以後，我每一次從她身邊經過，總會有種佼佼者的姿態，彷若唯獨自己知道了她身上的祕密。然而那時的我還不知道，這城市，或者這國家中，隱居了太多這樣的特殊家庭，他們如遊牧民族一般，不惜放棄一切擁有，從這裡遷徙到那裡，為了躲避制裁，為了躲避重罰，為了躲避開懷疑的眼神。他們帶著三兩個孩子流浪，再也沒了家鄉的根。

這是我從小所記得的不多的關於非獨生子女的記憶之一。在我印象中，他們大多來自外地，做服務業生意，低著頭小心翼翼過日子，遭到歧視也不會和誰爭論說理。我家鄉的城市，外表粗野卻內心膽怯，這讓我身邊的同一代人都成為獨生子女，我們同樣地自私冷漠，嬌氣任性，不知挫折不懂感恩，集萬千寵愛於一身，把任何伸手就來的東西當作想當然。

於是在人生的前二十年裡，我沒做過一頓飯，沒擦過一次地，沒洗過一次衣服，無須操心一日三餐，水果和零食在晚上八點準時被遞到嘴邊，從繳電話費到儲值交通卡再到買火車票，諸如此類的生活瑣事，爸媽也一併替我代勞著。我雖然要時常充當爸媽吵架的觀眾，可是無須和任何人爭奪愛的主權，我彷彿只要享受，從不用辛苦。

直到遠行，這樣的「想當然」漸漸變成另一種情緒。

我二十三歲出國，發覺對於獨生子女來說，「獨立生活」這件事就像是從零上二十度的溫室，頭朝下猛地鑽入水中般潛入冬日的大海裡。在異國中，每走一步，生活便異常地吃力，甚至常常令我窒息，我連最基本的生活能力都不具備，常識只停留在五歲半，我不懂什麼是芥藍什麼是菜心，不懂下餃子要先燒開水，不懂生病了只有我來照顧自己。我察覺到人生裡最深刻的一種孤獨。

就連和身邊的朋友聊天時，聽他們說起「我好想我哥哦」，或者「你不知道我那個妹妹，趁著我出國的時候把我的房間搞得大亂……」心裡也生出一兩羨慕。然而當他們問到我，我只能笑笑說：「我沒有兄弟姐妹。」大家都驚詫地問：「真的嗎？真的只有你一個？」或者人人都擺出一副「我好抱歉」的態度，好像我得了重病，匆忙轉移了話題。

那時我租住在一戶當地家庭裡。這個家庭有兩個孩子，男孩子八歲，女孩子六歲，每天從早上一睜眼就開始爭吵，都是為了一些無聊的話題，比如「你今天帶的蘋果為什麼比我大？」「你口袋裡為什麼有兩毛錢？」「我要去告訴媽媽你欺負我！」

有時看到兩個孩子吵到激烈，一方坐地大哭，另一方昂首挺胸，我也會有一點僥倖，還好自己從未有過這樣的煩惱。

然而有一天晚上，我正在客廳裡看電視，六歲的妹妹做了惡夢，尖叫著驚醒，從自己的房間走出來，哭得不能自已。

我伸出雙臂去抱她：「怎麼啦？做惡夢了？」

她推開我，肩膀一聳一聳：「我要去找諾亞。」

她走進哥哥的房間，抱緊哥哥哇啦一聲哭出來。八歲的諾亞睡眼迷離，卻不忘摟著妹妹安慰道：「沒事呀沒事，我在這兒呢。」

那一刻，我看著相擁著的兄妹倆，覺得這種感情，我一生都沒辦法體會到。

那一年，異鄉的冷，沒有一個人能夠和我分擔。我過得多苦呀，什麼都不敢和爸媽說，我多希望我有個哥哥，在我受盡委屈快要熬不下去的那些日子裡，和我說「妹，不要太苦，還有哥呢！」我也多希望我有一個妹妹，就算平日裡吵翻天，我還是想在最苦的時候靠在她肩頭上哭一場。

我也漸漸發現，一種不可名狀的痛苦也降臨在我的生活裡，這比孤獨更可怕，讓我無處訴說，無助透頂，只能一個人消化。我從來只享受來自爸媽的照顧，卻從未想過，爸媽也會老，也會病，在我面前的，居然是一條越走越孤獨的路。

出國三年後我才第一次回國，看到爸媽的第一眼就看出了蒼老。他們的日子更令我難過，老倆口把親戚朋友給的零食在櫃子裡為我存放了整整三年，腿腳都不再靈敏了卻依舊搶著給我倒水切水果，還把我當作什麼都不懂的五歲半孩子。我離開時在機場看他們不捨的目光，頭也不敢回地獨自流淚，我以為自己一生都會有爸媽作為依靠，而如今我卻成為了他們唯一的肩膀。

有一天收到朋友的留言，她說她的爸爸突然重病住院，需要馬上手術。我隔空安慰她，心有惶恐，不知所措。幾週後，她如釋重負地告訴我，她的爸爸手術順利，正在恢復中，也對我感慨：「還好有我姐。」我這才知道，那些日子裡，她們兩姐妹一個負責照顧老人，一個負責聯絡關係，兩個人相互照應，撐過難關。

而我卻突然想到在網路上看過的故事，覺得胸口堵塞，一個作為獨生女的網友，在爸爸得病後，近乎絕望地感嘆：「我現在全部的生活就是：左手攙著一個病病歪歪的老爸，右手拉扯著一個總是讓老師請家長的孩子，身邊還戳著一個若有若無的孩子他爹……」

我開始害怕爸媽每一次體檢後的結果，因為自己心理上根本承受不了任何突發的狀況；我也特別害怕自己出了什麼意外，因為失獨家庭（編註：指獨生子女死亡，其父母不再生育、不能再生育和不願收養子女的家庭）每個月的補助，是人民幣三百四十元；我也格外恐懼看著爸媽小心翼翼把一分一分錢存起來，然後慷慨地對我說「都是給你留著的」。我覺得那句話比什麼都能刺痛我。

幾乎所有我認識的獨生子女，都表示過，如果經濟狀況允許，至少要有兩個孩子。我陪一個朋友進過產房，她在產床上痛到大叫：「再也不生了！疼死了！」助產士笑：「幾乎每天都聽見有人這樣說，然而三五年之後還是在這裡遇見她們。」朋友果然在兩年後再次挺著孕肚走進同一家醫院，我說：「你好了傷疤忘了疼？」她說：「這種痛，我忍忍就過去了，但是沒有手足的痛苦，大概一生都沒辦法治癒。」

我的一位朋友出差經過我的家鄉城市，給我拍了一張城市灰黃的天。

我看著照片裡熟悉的建築，忍不住對他說：「要是有空就替我去看看我爸媽吧。」

說這話的時候，我就哭了起來。那一刻深深自責。

如果從前別人問我：「努力是為了幹什麼？」

我會輕鬆地回答：「為了有錢，買房子，去旅行，過想過的生活。」

而如今，每一次有人問我：「那麼拚命幹什麼？」

我這個獨生女，都在心底一千遍一萬遍地吶喊著：「我只有拚了命啊，只有拚了命。」

人生走到第二十七年，深以為，一個獨生子女，最大的不孝，是遠行。最好的彌補，是拚盡此生去努力。

這世界上沒有一種生活方式是需要被質疑的；
去過一過自己真正想要的生活，
不要充滿遺憾的變成別人希望你成為的那個樣子。

Chapter 3

女孩子，才更應該去努力

一個住在露營車上的女孩

我這個任性的老女孩，想去看看這世界，先和它放肆地談一場戀愛。

我向我的朋友們小心翼翼地宣布這個消息時，我的微信還是炸開了。

「你瘋了嗎？」

「為什麼不去買個房子呢？」

「該不會……是最近手頭緊吧？需不需要我幫忙？」

別緊張，我沒有失戀、沒有破產、沒有流離失所，只不過我這個一九八九年出生的「老小姐」，扛著所有身家，搬進了一輛一九八九年出廠的老露營車，鋪了床，生了火，在冰箱裡放上一排魚罐頭和冰啤酒，真正開始了我晃蕩十足的後青春生活。

我的露營車七公尺長，是那種很久前在日本被淘汰掉的二十人座小巴士，飄洋過海到了紐西蘭，曾經被不同的人開去不同的地方做不同的事，易主幾次，飽經滄桑，最後停在了一對八十幾歲老夫婦的門前。這對八十幾歲的前車主用了半年的時間，把這部車子改造成一個

「麻雀雖小五臟俱全」的生活空間。在這個十幾平方公尺的車內，容納著可以被拆卸成沙發的床，足夠裝一打啤酒的冰箱，衛浴，烤箱，爐灶，洗手槽，還有無處不在的儲藏櫃。這對依舊浪漫的老夫婦原本計畫在有生之年在紐西蘭做最後一次自駕遊，卻在一切準備就緒的時候被告知，因為健康緣故，老人無法再駕車。

當我知道這個故事的時候，正站在老人家門前，辦理好一切轉交手續，鄭重地接過車鑰匙。他們的目光不捨又釋然，像是和一個夢想告別，也像是把夢想轉交。我坐進駕駛座，握著方向盤，小心翼翼地上路，從後視鏡看見他們站在家門口招手，覺得這車子，好像也載上了他們的夢想，我的人生，從此又多出了一層意義。

我大概一直不是大家眼中那個「可以做出什麼出色的事」的女孩子，不管是出國，寫書，還是住進了露營車裡，每次我的生活中出現一點諸如此類的意外小插曲，總有點驚天動地的效果。我一直成長得循規蹈矩，從小就老老實實地活在別人的眼光裡，成長期伴隨我的只有「應該做的事」和「不該做的事」。我用功讀書，孝敬長輩，扮乖乖女，成人之後也一度埋進人群裡，靜悄悄地，獨來獨往，根本算不上一個可以被人記住的角色。我想如果用另一種角度去看自己，大概我就是大家眼中那個「會很快嫁人很快老掉這輩子也就這樣子」的女孩吧。

回想曾經那段日子，儘管我一直在扮演著自己不想成為的人，也堅持在心底悄悄地做著我自己。我是個在人群中常常局促的人，反倒和自己相處起來輕鬆踏實，所以我盡量地避開人群，更享受獨處的時間，彷彿只有獨處的時候，才能和自己坦誠相待，很多年前叔本華說過的「要麼庸俗，要麼孤獨」，想一想也還是充滿道理。我長到大學畢業的時候還堅信自己可以執筆走天涯，一心嚮往遠方，把托尼和莫琳（編註：*Lonely Planet* 創始人）當偶像，滿腦子都是古怪的想法，依舊自稱是個執著的理想主義者。

可是，我好像漸漸地就到了那個尷尬的年紀，自己的生活開始被掛在周圍人的嘴邊上，我又有了「應該去做的事」和「不該做的事」，我應該去「找個親朋好友都認可的最好附帶超級賺錢功能的男人嫁了」，也應該「快一點生個小孩趁爸媽還有力氣幫我帶」，唯一不可以的是，「夢想什麼的不是這個年齡該有的了」。我漸漸過得不快樂，總覺得生活像是在演戲，總是在問著自己，我什麼時候可以演完這一個角色，脫下戲服，卸下濃妝，去回歸真正的我自己？

人為什麼一定要這樣違背心願地活著呢？

大概是到了國外之後，因為缺少朋友，我有了很多可以獨處的時間，我一個人讀書，一個人寫作，一個人看電影，一個人喝啤酒，一個人靜靜走夜路。這是我至今認為非常重要的一段時間，因為我漸漸地卸下了作為「別人」的面具，開始思考，接下來的我要成為一個怎樣的人。

人常說選擇是一件特別艱難的事。「是繼續考研究所還是去找工作呢」「是去大城市拚搏還是去小城市享受安逸的生活呢」「是嫁給王大還是李二呢」，每天我都會被人問到這樣的問題。可以很坦誠地說，到目前為止我從未做過一個令自己後悔的選擇，因為我對待選擇時只問自己兩個問題，你是誰，你要成為誰。

我非常瞭解自己，嚮往自由是我與生俱來的生活態度。我是一個不停想從遠方走到更遠地方的人，在國外時每次看到金髮碧眼的十八歲少男少女拿著從麥當勞打工存下的錢去旅行，就恨自己的「早熟」與「晚熟」——「早熟」到從來不敢及時行樂沒有一刻不在擔心著明天的房租和水電費，「晚熟」到自己偏偏二十幾歲才在經濟上完成了自給自足，生活上常常捉襟見肘。好在我對夢想固執，很相信「不忘初心」的意義，有一段時間拚命地賺錢，把什麼「你應該……」的聲音都拋在腦後，就是靠這「總有一天要去什麼別的地方瞧一瞧」的信念，才一步步走到了這裡。

這是我住在露營車上的第三個月，靠著一本露營車手冊走過了幾個風景秀麗的地方，就像帶著公寓，可以在任何地方安家。紐西蘭這個在地圖上小到不能再小的國家，放大後卻處處都是景致，大地常年披著綠色的植被，海水和天空是一致的蔚藍，這塊土地彷彿沒有一處是光禿禿的暗色調，你可以說它是千篇一律的無聊，也可以從中發現它的美妙。我在這三個月的晃蕩生活裡，認認真真地做了很多件事，我給自己做了很多飯，捲餅和炸薯條；看了很多書，馮唐卡佛和劉若英；寫了很多字，日記小說和讀書筆記；而更多的時候我約上一樣嚮往自由的朋友，在不知名的海邊聊一晚上天，或者什麼都不說，就靜靜地聽著海浪拍在沙灘上的陣陣聲響，不知不覺把啤酒罐堆成一座小山丘。

我從前嚮往遠方，總帶著一點虛榮心，總想著每年去一個國家，在護照本上蓋上不同的蓋章，現在這個遠行的想法變得很純粹，就是想在路上慢慢地走一走，看一朵花如何開放，看一隻蟲如何爬行，去學習藍莓是長在灌木叢裡而不是大樹上，去瞭解大部分的鳥類都是一夫一妻制一輩子在一起。我從前走得很急，做事只在乎輸贏，總是一副怕輸給什麼的樣子，現在做事終於能照顧自己的悲喜，我不知道人生中還有什麼樣的事比「做自己」的這份自由更重要。

記得幾年前五十四歲的楊麗萍被記者問道：「你是為了舞蹈才不要孩子的嗎？」她回答說：「有些人的生命是為了傳宗接代，有些是享受，有些是體驗，有些是旁觀。我是生命的旁觀者，我來世上，就是看一棵樹怎麼生長，河水怎麼流，白雲怎麼飄，甘露怎麼凝結。」

這世界上沒有一種生活方式是需要被質疑的，為此我經常鼓勵有夢想的朋友要去過一過自己真正想要的生活，不要充滿遺憾的變成別人希望你成為的那個樣子，去過這接下來的一輩子。我常想，或許在未來的某一天，我會嫁給一個人，生個孩子，買一間房子，去過平常女孩的日子，可是在這之前，我這個任性的老小姐，想去看看這世界，先和它放肆地談一場戀愛。

我一直覺得，這世上有兩種人，一種活得聰明，另一種活得明白，第一種人往往很成功，第二種人往往很快樂。年輕時我們都嚮往成功，不覺得快樂可以有多重要。可是或許啊，快樂才是那個艱難的部分。

成為一個有趣的女生

一點點把自己的世界構築得寬廣，在那其中活出的濃烈而精彩的人生，
才是真正被時光奪不走的永恆快樂。

這個月初始的時候，我決心從忙到腳朝天的日子裡，抽出半天的時間去做一件重要的事——每週和一個朋友吃頓飯。

我剛做了這個決定，便已後悔，這鋪滿桌子等著我去趕的稿子，kindle裡昨晚看到一半不小心睡著了的書，那馬上就要越過截止日期的帳單和稅表，洗衣機裡沒來得及曬到晾衣架上的濕衣服……我的腦子裡裝著一萬件事，每一件都足夠榨乾我的精力。我飛馳在去往咖啡館的路上，長久等待的紅燈和周圍鳴笛的聲響，讓我徹徹底底的焦慮著。車座上的手機嗡嗡響了兩聲，Sachi的簡訊飛進來——「我到了！」這一刻我又差點和前面的車子撞在一起，趕忙抱歉的從窗口揮出肉胳膊再賠上一個無害的笑，卻止不住地心煩著，只盼望這場心血來潮的約會能夠盡快結束。

可是Sachi出現在我面前的時候，這半年不見的女孩瞬間讓我改變了主意。我必須承認有些女孩自帶一種獨特的魅力，她們並非美若天仙，但必定散發著欣欣向榮的氣息，就像一株始終朝陽的向日葵，只要近身就能感覺到生之喜悅。Sachi就是那樣的女孩，她那長髮不見了，頂著一頭俏皮的短髮，整個人黑了一點，依舊瘦削但強壯，邁著大步走來，那微笑太發自肺腑，讓整身的黑裙也染上了春天的味道。她的擁抱徹底打消了我的焦慮，我忽然迫不及待想和她坐下來分享生活的悲喜。

Sachi是個日本女孩子，我們曾在同一個地方工作，後來各自辭職，依舊保持著淺淺的聯繫。我那時就非常崇拜她，因為她顛覆了我對日本女生的所有想像——那之前我還以為天底下所有日本女生都在二十三歲結婚，柔弱順從，用煮的一手好料理和超高的做家務技能，去過相夫教子的大半人生。可是Sachi三十三歲了，依舊堂堂正正的單著身，瘦而健康的身材讓她的青春一直延續著。她曾經在東京一家義大利餐館做主廚，後來拿著打工度假簽證自駕遊了整個澳洲，接著又在幾年前來到紐西蘭，賺錢，旅行，交朋友，一直住到了現在。她活潑開朗，獨立堅強，靠一口非日本味道的流利英文贏來一票的朋友，生活裡總是被各種新鮮事塞得滿滿。這一次見面前我們好久沒再聯絡，可是我還有著偶爾翻開她臉書頁面的習慣。不得不承認Sachi是個有趣的女孩，這份有趣，讓我每一次翻看著她新鮮事的時候，心裡都熱血沸騰著，「我也應該去做點什麼有趣的事！」

我們走進一家咖啡館，太久沒來喝的咖啡都漲了半紐幣，店裡忙來忙去的服務生也換了人，我辭職後在家中待了太久，這世間每一處都變了模樣，我甚至聞到自己身上許久沒曬太陽的黴菌味。我問起 Sachi：「最近都做了些什麼呀？」

Sachi 啜了口咖啡，認認真真地告訴我：「今年初回日本休假一個月，之後去了墨西哥旅行，在那裡學會了潛水，還遇見了一個來自美國的帥哥……哦對了，我前幾天剛剛跑了一次馬拉松……」她拿出手機，興致勃勃地給我看照片。

我看著照片中她穿著運動裝在馬拉松終點線豎起大拇指，看著她在日本時為大家做的西式糕點，看著她在墨西哥潛水時的那片湛藍的海灘，看著她在旅途中把陌生人變作朋友……頓時感覺到，和一個有趣的女孩在一起，自己的情緒在短短的幾分鐘之內發生了多麼大的改變。昨天的某一刻，我還在為這頭上新長出的白髮，體重計上多出來的零點五公斤，那篇寫了一半寫不下去的稿子，以及還有那因交遲了帳單而來的罰款而內心抓狂著，然而這一刻那些瑣事彷若都不再是什麼問題。我的心在那些照片間膨脹著，她那些有趣的經歷，連同變成了我生活裡的嚮往。我腦中繃緊的弦，終於放鬆下來。

「你的這幾個月呢？」Sachi 這樣問著我。

我一時間怔住，這問題像是一座老舊的鐘，悶悶的鐘響砸著我的胸口。我匆忙地回答著「啊，一直在忙著寫作，沒做什麼特別的」，卻在心底，迅速檢討著自己最近的生活。

除了寫作，這些日子裡我還做了些什麼？我為著寫作，拒絕了朋友約我去學開小型飛機的邀請；我為著寫作，錯過了遠道而來的朋友的相聚；我為著寫作，不再去海邊露營而把自己束縛在十幾平方公尺的小空間裡……我苦哈哈地寫著寫著，把這作為脫離世界的藉口，錯過了那麼新的感受，也告別了曾經有趣的自己——我也曾經有趣過一陣子——那樣的日子裡，我駕著露營車在任意一個不知名的海邊安營紮寨，白天在海裡游泳，晚上坐在篝火前烤串燒喝啤酒，在深夜裡一時興起地寫上幾千字的故事。我就在那無數的海邊「虛度光陰」，不知時間到了哪一年，可那有趣的經歷也確實讓我寫出了有趣的文章。那樣的日子哪兒去啦？這幾個月的日子，我僅是寫著寫著——那文字死水一般，沒有生的氣息，連生活中的自己也越來越焦躁——我的世界因著單一的生活而縮小成露營車上的十幾平方公尺，那久停不走的露營車像是我的囚籠，讓一草一木都成為不該讓我憂慮的大事件。

Sachi 打斷我的自責，興奮地問我：「我最近學會了衝浪，要不要跟我一起來？」

我用力點了點頭，看著 Sachi 明亮快活的眼睛，感慨，一個女人的生活狀態，完全取決於她所為自己構築的世界啊……

接近一個月的時間裡，和三位女性朋友的見面，更讓我意識到，成為一個有趣的女孩有多麼重要。我不再後悔自己「每週和一個朋友吃頓飯」的決定，反倒覺得慶幸，這每週三四個小時的時間，讓我深深地意識到，一個平凡女孩生命中最精彩的突破口，就是成為一個有趣的人——女孩和女孩到底是不一樣的，有些女孩把生活過成了一潭死水，我們在一起只能聊著某某某出軌的老公，最近身上出現的贅肉，那結不成的婚和惱著心的男朋友，而另一些女孩讓生命中的每一天都熱切充實，她們在生活中永遠保持探險的姿態，每幾個月都完成一場成長的飛躍，她們的每一句話都能為我的人生添上一種嚮往，我從她們身上覺察到這生活光明的另一面。

如果仔細觀察身邊的女生，你會發現那些在生活中活出一派欣喜的女孩，絕對會是有趣的女生，然而成為一個有趣的女生，並不容易，這是有成本的。有趣的女生一定是獨立的，在金錢上有自己的絕對主權，不會三天兩頭嚷著讓爸媽把錢匯到銀行戶頭，她們在感情上也沒有絕對的依賴，不會因為男朋友一個電話不接就衝鋒槍般的再打上數十個。有趣的女生也一定自備著很多生存技能，有男人般的堅韌和女人的細緻，她們能開五個小時的長途，能做出最另類的旅行指南，她們能在露營的時候甘願用一小塊麵包充饑，她們也能在餐廳裡拿著一杯紅酒嫵媚地告訴你 shiraz 和 merlot 的區別。有趣的女生也必定可愛，她們不偏激，不較真，慷慨大方地活，一顆心堂堂正正地接受著所有的不一樣，那不一樣又讓她們成為與眾不同的人，閃著異常的光耀。

我記得自己在很多年前知曉過一個有趣的女生，在她的文章橫行於網路上的時候我加了她做好友。我和她在生活中根本沒有半點交集，可她那發表在部落格裡的人生對我來說就是一場溫暖的力量。我讀到她分享自己如何申請去美國讀書，看到她一個人遊遍美國的照片，看著她每週從一個朋友那裡學做一道菜，看到她「突然間想去土耳其看一看」……這能量是我那些迷茫又無知的日子裡的光亮，它讓我的嚮往變得清晰，讓我知道這人生並不一定要埋著頭對命運認命，還有未曾體驗過的更廣闊的視野。

世上的女生太多，並不是每一個都快樂，我總是笑說自己是「女孩學」的終身制學者，每見到一個女孩，都要聽著她們的故事去思考，「有什麼會讓我們女生們的人生更幸福？」我漸漸總結出這樣的道理，有些女孩靠美貌，靠身材，靠一段愛情，在青春裡享著一段天真的快樂，這些都無罪而可愛，卻不是用來維持幸福的永久因素。然而成為一個有趣的女生，一點點把自己的世界構築得寬廣，在那其中活出的濃烈而精彩的人生，才是真正被時光奪不走的永恆快樂。

如果媽媽愛看，那我就一輩子寫給她看

我一刻不敢停地努力著，就是怕這個美滋滋的老太太，
有一天會沒有了炫耀的東西。

我說不出來那種感受。

我五句的媽，為了迎合和我五個鐘頭的時差，計算著時間在她的凌晨四點起床，小心翼翼地在微信上和早上九點的我講話，試探著說：「孩子，你要是有時間就給媽媽打個電話，媽媽可以晚一會兒去上班，要是沒有時間也沒關係，你繼續忙你的，不用管我。」她也在深夜看到不知哪個網友的激烈留言而睡不著覺，第二天心事重重的叮囑我：「孩子啊，要是網路上大家有說啥不好的，千萬別往心裡去啊！不管你做什麼，都有人會不滿意！」

我大概能夠想像到，媽每天的生活，就是看遍我微博上的所有留言，查遍淘寶的新書銷量，再對著我的文字讀上一遍又一遍，認真全面地像是個經紀人。有一次她打電話給我，還沒來得及寒暄，她就把一口東北話說得慌張急促：「快看看微博上的讀者，在淘寶訂了書，

都好幾天了也沒給人家發個貨，趕快查一下怎麼回事，別讓人家白等。」她又在我度假的時候對著我連不上網路的微信催促著：「快回來更新吧，大家都等著急了。」她甚至每個週末去加班只為那薄薄的加班費，轉頭卻對我這個唯一的孩子任性地說：「孩子，媽媽想繼續存點錢，給你在機場旁邊買個小套房，你回來的時候不用折騰太遠，能安心寫作。」

媽把我的書放在了床頭，夾進了包裡，送給了七大姑八大姨，甚至放進了公司科長的辦公室，我說：「媽，咱別丟人。」媽說：「有啥丟人的，寫得好，寫得好！」

媽這個分不清「海子」和「顧城」，總是把「季羨林」說成「寂寞林」，半輩子都泡在柴米油鹽裡的婦女，就這樣突然對文字產生了極大的興趣。她像是個大學入學考前幡然醒悟的後段班學生，一頭栽進數不清的模擬題冊裡，對著自己不懂的公式，一遍遍的推導著，很難弄懂答案卻也毫無怨言。我心裡明白，這份遲來的努力，大抵是因為文字，成為了連接著她和遠方的女兒，唯一的一件事。

我從小就嚮往遠方，爸媽每一次劇烈的爭吵後，我心裡的這份願望都會再加深一點。長大後媽每每說起「在家不是挺好的麼，幹嘛要去那麼遠的地方！」我都會非常狡猾地說：「還不是因為你們總是吵架，我才要跑得遠遠的。」我不喜歡媽衝著喝醉了的爸歇斯底里，不想聽媽在十點鐘就催我上床睡覺，不想讓媽一遍遍嘮叨我每天要吃三種水果五種蔬菜，也不想讓她在秋冬還很遙遠的時候就不停地叮囑我穿上保暖褲。

我和媽之間總是有一條太寬的溝壑，那裡填著我對她的嫌棄，她對我的不理解，以及那曾經發生過的冷戰和熱戰，我一直用力地長大似乎只是為了離開它。有一天我終於長大，拍拍翅膀，頭也不回地飛走了，身處近一萬公里以外的異國他鄉，我還是對媽心存埋怨。我不懂，為什麼我那五十幾歲的外國人房東每個週末都能和二十歲的女兒在一起喝個酩酊大醉，教育理念裡總有一種「人生得意須盡歡……」的架勢，而我的媽媽，三天兩頭就要在電話裡和我嘮叨，「少喝酒，多吃飯，吃水果，蔬菜，喝牛奶，優酪乳，記得穿保暖褲，哎，我要是能在那給你做飯洗衣服就好了……」

就憑這一直執意和媽拉開距離的態度，我就實在不是個孝順的女兒，出國這麼久，每次給爸媽帶東西回去，都是因為有朋友回國前，熱心地問上我一句「有沒有需要我給你爸媽帶回去的？」我這才心虛地說：「有，有……明天就給你！」於是花一個晚上在超市裡，把什麼有用的沒用的都塞進購物車，草草包裝成一個包裹，第二天放進朋友的行李箱。唯一真心給媽寄東西的那一次，是因為那年的櫻桃又大又紅，我打包回去一盒兩公斤裝的大櫻桃。我告訴媽之後，她就一直盼著盼著，收到後照了無數張角度不同的照片給我看，還說：「這麼大，真好，從來沒見過！」我問她：「吃了嗎？」媽心滿意足地說：「吃了，每天晚上吃兩個！」後來才知道，媽把這兩公斤的櫻桃分成了四份，把三份送去不同的人家，又從自己的那一小份裡，帶走一部分給工作單位的同事去嘗一嘗。愚蠢的我忽然明白，她是在向別人證明，你們看，我這遠方的女兒，一直在惦記著我，一點沒有比那些三天兩頭就回家的女孩們差！

我出國後第一次回家，翻箱倒櫃的時候看到之前託朋友給爸媽帶的零食和保健品，大部分都沒有拆開包裝，規規矩矩地放在櫃子裡。我責問媽「怎麼不吃」，媽像是個局促的小孩子，「哎……等著你回來一起吃……」她的神情緊張，讓我想起了小時候的我自己，那個饞嘴的小孩子把所有零食都保存下來，一心一意地盼到過年時，才在鞭炮響起的那一刻把零食全部拆開吃掉。我是一直在等一個重大的節日，想必媽也是一樣。

我吃進一枚蜜棗肉，就像在為了安慰她。她也吃進一枚，嘴巴機械地嚼著，眼睛卻滿足地盯著我。我笑她如同花痴一般，卻在心裡暗暗流淚，大概這一刻無論吃下什麼都是團圓的滋味吧。媽轉過身，把兩三份吃完的零食包裝紙留下，小心地折好，重新放進櫃子裡。我不知道她在接下來的日子要怔怔地盯著那包裝紙多少次。那些沾滿英文字母的包裝紙像是在提醒她，孩子回來過，孩子就要回來了，這兩件事成全了她所有的歡天喜地。

我有時隔著電話和媽說：「媽，每次寫完一篇文章，就像是蛻了一層皮。」

媽說：「我懂我懂，人家不都說嗎，寫作特別辛苦，耗費腦力和體力。」

她一輩子沒有和文字打過什麼交道，哪裡懂得我的感受。

她不懂為什麼有話不能好好說非得寫得隱晦，不懂外國作家不只是伏案寫作更多的是喝酒抽菸，不懂三毛嚮往自由踏破孤獨的決心和勇氣，不懂說著那句「面朝大海，春暖花開」的人對人間再無半點留戀。

她懂的是，我熬到凌晨三點的夜，饑腸轆轆的胃，崩潰時的大哭，孤獨時的無助，還有那些一個人要度過的寒冷和炎熱。她懂的是，我笨拙的手藝做不出一盤家鄉的酸菜冬粉，她懂的是，我脆弱的性格一定在遠行的路上受了很多苦。她懂的是，遠方的女兒，沒有媽媽待在她身邊。

人類真是奇怪的動物，越愛一個人越覺得她不夠堅強，不夠聰明，不夠幸運，好像總是會受傷，總是會受人欺負，不管去哪裡活起來都非常艱難。我每次打電話給媽，還來不及問她好不好，她就總是急急忙忙地問我：「你好嗎？那裡冷嗎？那裡熱嗎？你吃飯了沒有？都吃了什麼？最近有沒有感冒？心情好不好？」她從來不把自己的生活占用進我們的聊天裡，彷彿東北那塊大地上，夏天不會熱，冬天不會冷，媽從不會感冒，也總是心情很好。

我記得小時候和媽一起去買菜，我第一次看見豆子覺得特別奇怪，就伸出手一顆一顆地挑。賣菜的大嬸一臉不高興：「這怎麼還能挑的呢！哎，這小孩，別碰！」我縮回手，一臉委屈，把眼淚緊緊地含著。那時還瘦弱含蓄的媽，突然間炸開了一般喊：「怎麼了，買個菜也不給挑啊，你怎麼還說孩子呢！」媽帶著我憤憤地離開，一路還不忘扯著脖子和賣菜的大嬸對罵。那個景象我記得了那麼多年，以至於我一直都有著這樣的幻想，媽一輩子都會保護我，她會在我任何受委屈的時刻，毫不猶豫地趕來。

可是，媽漸漸地看不懂聽不懂也趕不來我的世界了，而一轉眼就到了我要保護媽媽的年齡，很遺憾我還是沒有找到填平我們之間那條溝壑的辦法，但是我已經開始去認真地理解，成長的這份責任。我會把所有光鮮的一面拍成照片給她看，如果能發給她在餐廳吃的烤魚和紅酒，就不讓她知道我嫌省事扒拉一下冷飯。如果能讓她看到我在外面旅行的照片，我就盡力不讓她知道我為了這次旅行沒日沒夜工作的辛苦。每每到了晚上十點，我都要在微信上和她說「晚安媽媽，我愛你」，然後放下手機，繼續寫我無頭緒的一百篇稿子。

我從來都不知道媽如何用她「不太靈光」的中年人腦力去應對快速的網際網路，我只知道不管我什麼時間發了文章，她都會第一時間轉發，按讚，打賞，用她所有的方式去告訴我，遠方的女兒，媽媽一直在支持你。

我常喜歡和人講這樣的笑話，重複了一遍又一遍，還是覺得樂此不疲。最開始賣書的時候，我看到有人在網路上一口氣訂了三本，頓時覺得信心大增，後來和媽媽聊天時她卻說起：「嘿嘿，寶貝，我那天在網路書店訂了三本書！」有一天在微博上發表文章，看到有人給我打賞了人民幣九塊九，正覺得得意忘形的時候，媽媽在微信上告訴我：「寶貝女兒寫得真好，我給你打賞囉！」

我常想，一個人的生命裡能有多少部作品？這些作品又是為了什麼？是為了生活為了夢想還是為了別的什麼？我總是把夢想擺在第一的位置，一副犧牲了什麼都不怕的姿態。可是從此以後，我的夢想中有多出了另一層意義。我一刻不敢停地努力著，就是怕這個美滋滋的老太太，有一天會沒有了炫耀的東西，在人群中沮喪地低下頭。我想，如果媽媽愛看，那我就一輩子寫給她看。

媽一輩子低調，害怕出糗，連在人群中講話都總是詞不達意，往往覺得難堪，而如今她大大方方地把我的每一篇文章轉發，帶著炫耀的氣勢，堅持寫上，「我女兒寫的！」我這個遠方的女兒，看著那幾個字，嗚嗚咽咽地哭了起來。

周圍環境對於一個人有著至大的影響，
一個人的生活，很大程度上取決於身邊人的生活狀態。

女孩子才更應該去努力

在一個女孩的世界裡，「努力」和「更努力」從來都是兩條路，
一條路讓你勉強成為「基本款」，
另一條才能讓你有更大的機率成為眾人認可的「優秀版」。

我不知道你是否和這樣的男人有過對話，他們可能是你的長輩，兄弟，同學，哥兒們，他們為人熱忱，行為正派，是所有人口中定義的好男人，但是只要談到女孩子這個話題，你就會看到他們的表情發生了一點變化。他們的腦袋高昂，下巴微抬，嘴角下拉，眼睛瞇起來，整個人像變了一副樣子：然後你聽見他們說：「呵，女孩子，用不著那麼努力嘛……」

田樸珺在幾天前的「星空演講」上，問了在座女觀眾這樣一個問題：「在你們小的時候，有沒有聽到過這樣一句話？『可惜要是個男孩就好了……』」

眾女生舉手，多少圍在電腦前的女孩子們也在心裡舉起了手，我們在腦袋裡，各自搜尋著被當作二等公民對待的證據。

幾年前認識一個姐姐，辭掉了教師的工作，決定拿著積蓄出國念書，她和我說，自己臨走時，差一點和爸媽撕破臉皮，連機場都是一個人去的，爸媽說：「這麼一個女兒，好端端的不去結婚不去生孩子，非要出國，我們丟不起那個臉啊！」

學建築的閨密，和我說起她的同學，那個女孩子在一家公司做了三年勤奮努力的小職員，本以為生活就這樣進入了忙碌充實的奮鬥期，然而公司卻沒有任何徵兆地，開除了包括她在內的公司裡所有未婚未育的女職員。

我那做母親不久的朋友，大兒子剛剛兩歲，她的肚子裡又懷上一個，每日除了去上班，還要負責接送孩子去幼稚園，採購家中食物，做家務，哄孩子睡覺，而自己的丈夫在電視機前瞪著一雙大眼傻呼呼地看球賽，並不關心此刻忙到手腳慌亂的她。

也就在幾天前，和一個關係挺好的哥兒們聊天，他說到自己的創業尤其艱辛，我回應：「理解啊，寫作也一樣，除了睡覺，不是讀書就是寫，胃口和睡眠，都出了問題。」他點了根菸，說：「女人嘛，不必那麼辛苦嘛，到了年齡，就去嫁人，相夫教子才是你更該做的事啊……」

現在，請嘗試用另一種性別去體驗剛才的那些故事。

幾年前認識了一個哥哥，辭掉了教師的工作，決定拿著積蓄出國念書，他和我說，自己臨走時，父母張羅了一大桌酒席，請了所有親戚和朋友，父親驕傲地說：「我兒志在遠方，我兒有出息啊！」親戚朋友舉杯迎合：「是啊，男孩子就該出去闖蕩！」

學建築的閨密，和我說起她的同學，那個男孩子在一家公司做了三年勤奮努力的小職員。突然有一天聽說公司裁員，他看到名單上密密麻麻的職員姓名，都是公司裡未婚未育的女職員。他給自己沖上一杯咖啡，躲在辦公隔間裡竊喜，慶幸躲過了這一劫。

我那做父親不久的朋友，大兒子剛剛兩歲，老婆肚子裡又懷上一個。好在老婆是個能幹的人，每天上班，照顧孩子，做家務事都不用別人操心。他倒在沙發上，看著球賽，冰涼的啤酒已經喝到了第五瓶，他瞥了一眼正哄孩子停止哭鬧的老婆，在心裡偷偷感慨，「原來男人結了婚才自由啊！」

也就在幾天前，和一個關係挺好的哥兒們聊天，他說到自己的創業尤其艱辛，我回應「理解啊，寫作也一樣，除了睡覺，不是讀書就是寫，胃口和睡眠，都出了問題。」哥兒們默默遞給我一支菸，我們一起吐槽，「兄弟，我們做男人的就是這麼難，每天累死累活的，賺的錢還不都是給了家裡的太太們?哎……」

Facebook 營運長雪柔·桑德伯格（Sheryl Sandberg）在 TED 論壇上和大家探討「為什麼我們缺少女性領袖」的問題，她說到在幫助女性實現自己的職業目標時，非常重要的一件事是，「Make your partner a real partner.」（讓你的伴侶成為真正的伴侶，意為讓婚姻中男女更平等地處理家庭事宜。）

這引起了廣大女性同胞的歡呼，尤其是中國女性。

其實和我們的文化相比，在西方世界中，男女相對平等許多——在我的面前，滿眼都是不結婚滿世界跑也不會被非議的三十幾歲單身女人；已經是兩個孩子的媽媽四十歲重返校園，把三分之二的家務瑣事交給老公，她四十三歲時從家庭主婦成為高薪護士；國外的孩子在被問到，「你媽媽做什麼呀？」他們會把「家庭主婦」這一職業進行如此的描述，「我的媽媽每天特別忙，她幫我們做飯，幫爸爸熨衣服，給家中的花園除草澆水……」而不是說「哦？我媽呀，什麼都不做，就是在家待著。」

可是很遺憾，這一切我們都沒法擁有，男女平等這一觀念，在我們的文化裡很難真正的實行。我看見在我們的社會裡，女人的努力總是冒著巨大的風險，惹怒親人，失去伴侶，疏離孩子……和我媽一般大年齡的女人若能在拖地的時候，讓坐在沙發上看電視的老公腳丫子抬一下，這就叫成功。

然而，這一切是無解的嗎？

也許你心裡倔強，握著拳頭對自己說「我不信，我一定要去努力」。

於是我們這些年輕的女孩們轟轟烈烈地去努力，這件事看起來非常正確又充滿希望，可我們漸漸就陷入這樣尷尬的境遇，你發覺此刻正在努力的自己就像在爬梯子，下面站著一群人，一些人在圍觀，一些人在竊竊私語，一些在底下搖晃梯子，一些跳起來抓你的腳，八成的女孩摔就這樣下來了，她們迅速鑽進圍觀的人群裡，變成社會中的另一種負能量，在你最需要來自同性的鼓勵和支持時，她們聽著你的故事，然後對你說，「呵，早跟你說了，努力沒用！」

然後你覺得自己被拋棄了，被侮辱了，覺得或許別人所宣揚的「女孩子努力論」是錯誤的，於是你也捧起一本嫁入豪門指南，研究著哪一條是最不需要努力的路。

可是有沒有一個瞬間，你會靜下心來，問自己，為什麼那麼多分明看見你努力的人，都在說「女孩子不需要努力」呢？

又有沒有那個瞬間，或者說有沒有哪個機會，能讓你聽見心底那個冰冷卻讓人瞬間清醒的答案，「因為他們並不覺得你現在努力做的事情，能夠在未來有多大的成績。」

很遺憾，這個世界在看到一個女人的成績之前，是不願意太看重她的努力的。就像是鄧文迪小三上位的故事永遠比她拍電影做投資的商業行為更令人津津樂道，田樸珺在星空演講上分享的女人獨立論也被當作是「急於和王石撇清關係」的做法。儘管我有多願意相信那個她每天只睡四個小時的故事，是真實的，也是有意義的，也更願意相信，她們這些女人沒有做出比夫君更偉大的成績，可這並不代表她們不努力。

但是，一個成年人的世界裡，同情是沒有用處的，尤其對於一個女孩子，似乎唯有更加努力，更加努力，更加努力，走到人生璀璨的那一天，才能用成績去打破來自社會的歧視、限制、質疑，去真正實現屬於自己的夢想。而你也會漸漸發現，原來在一個女孩的世界裡，「努力」和「更努力」從來都是兩條路，一條路讓你勉強成為「基本款」，另一條才能讓你有更大的機率成為眾人認可的「優秀版」。

接受過一次採訪，被問到這樣一個問題，「看你寫的文章總是有關女孩子，感覺你有點女權主義，你會這樣定義自己嗎？」

我無奈，「我還以為嚮往自由，追求夢想，去實現自己的價值，這些是作為人的基本權利。」

有趣是會省錢的

有些有趣，和有錢無關，卻是生命裡長久的富足。

我是從社群動態裡意識到自己終究是老去了。眼睜睜地看著當年曬作業和烤串燒的，變成了曬婚紗與鑽戒的，再變成曬峇里島和馬爾地夫的，最後變成霸著整個螢幕的一群群哭哭笑笑的孩子們，和他們的進口奶粉、尿布、貴死人的玩具熊和代步車。

我常常在孩子們溢出螢幕的天真裡，產生對人生下一個階段的嚮往，卻也在他們背後幾千塊的玩具裡感知心和錢包一併顫抖著。一個曾經每個月都要瘋狂買買買的寶媽，如今穿著幾年前的舊衣服，卻捨得給孩子買一輛「保時捷」，她面露疲憊地和我說，「哎，為了孩子童年的快樂……」

當百分之九十的媽媽大概都這樣認為，「有趣是要花錢的。」我看到社群動態一個媽媽的更新，在一個週末的晚上，她曬出了兩個孩子的笑臉和他們的紙箱子城堡。

紙箱子城堡有模有樣，一扇門兩個窗都體面而規矩，在設計上也絕不含糊，上面畫上了磚塊的紋路，還糊上了彩色的貼紙。兩個孩子從裡面鑽進鑽出，玩得不亦樂乎。她把孩子的笑容定格，也在照片下寫著，「這是我們一個晚上的快樂」。而這個晚上的快樂，居然是她去超市購物時，隨手從購物區拿回家的幾個紙箱子。

回憶起和她相識的過程，是無意間看到朋友轉發的這個年輕母親和孩子做手工的照片，有幸在社群網站加上她，一直以來欣賞著她的有趣。她三十歲出頭，大概就是常人口中按部就班的女孩子，二十幾歲嫁作人婦，開始了平靜而普通的生活，她有兩個萌娃，一個是二十四小時黏人的三歲整，一個是精力旺盛的六歲半，當別的年輕母親都在爭相用金錢來為孩子購買童年的快樂時，我卻時刻為她不花錢的快樂而痴迷。

近幾年從她身上學著養娃之道，更學著人生之道。我看見她給孩子過生日，沒有去昂貴的餐廳消遣，而是和孩子們在自家廚房裡做蛋糕，從和麵到烘焙，每一個步驟均出自孩子之手。她用照片和影片記錄下，麵粉飛揚的瞬間還有兩個孩子搬著小凳子坐在烤爐前等待的神情，以及當蛋糕裝飾完畢全家人的笑臉。

我看到她把廢棄的自行車推進花園裡，和孩子們一起在車籃裡面放進泥土，教會他們如何把小小的薄荷種進去，然後每個清晨，和孩子認真記錄一株植物的生長。我看到在夏天的午後，她帶著孩子去海邊散步，用貝殼和樹枝在沙灘上拼出一幅畫，孩子們笑得天真，並沒有吵鬧著問，「為什麼我們沒有能出海的遊艇？」

我看到她帶著孩子們去義賣巧克力，看到她與孩子們一起做手工，看到她與孩子們參加迷你馬拉松……

我時常翻看她的社群動態，也時常從那些面露幸福的照片中感慨，一個女人的眼神是無法騙人的，那裡面裝著的就是她的生活狀態。她教會我一種生活的哲學，有趣是一種生活態度，而不一定是一件與經濟狀況有著重大關係的事。

看著又一個寶媽曬出了「小摩托」，我肝顫，「有趣真的是會省錢的。」

「有趣是會省錢的。」這話還是一個朋友和我說的，在做苦學生的時候，他絕對是個享受生活的達人。光是臉書上經常曬出的美景和消遣，就足夠讓我們推測，這必定是哪來的富二代。後來才知道，他的有趣和有錢並無太多關聯。

在別人拿著幾百塊人民幣的門票，去知名的景區泡溫泉，在擁擠的池子內為自己爭出一處空地時。他帶我們穿過無人知曉的樹林，去泡天然的溫泉，抬頭是樹木遮天的葉子，低頭是清澈見底的泉水，眼睛裡是清早的霧氣，耳朵裡是悅耳的鳥鳴。

在別人度假總為人民幣幾百塊一晚的旅館擠破頭皮時。他帶我們在海邊露營，從海邊釣魚，自製燒烤，夜晚時圍著篝火唱歌喝啤酒。在人人都以為旅行是件很燒錢的事，他偏偏用睡沙發的方式，踏上了未知的土地，在我們感慨一無所有的時候，他把更多有趣的人和事，變成生命裡濃墨重彩的又一筆。

從前我對「有趣」有種執念，「想要有趣，就得先有錢啊！」現在仍舊堅持有錢是一件很好的事情，卻明白有錢並不一定是保證有趣的前提。

見過有錢而無趣的人生，看到在山珍海味的餐桌上，詩和遠方都擱了淺，那瞬間在心裡有了感觸，有錢哪裡是滿足有趣的唯一條件？

也看到生活中平凡之人把日子活出熱鬧的滋味，都是因為熱愛生活，善於發現樂趣的好心態，從中認識到人生的又一種道理：有趣的心態，可以比有錢的狀態先到來。

在網路上看過一個來紐西蘭賣珠寶的中國大哥的故事。

他說自己曾經在一家特別成功的珠寶店工作，有幸認識了珠寶店的老闆。老闆在說起發家之道的時候，講了這樣一個故事：當年結婚沒有錢去度蜜月，就站在大街上舉著牌子，上面寫著，出售香吻。就這樣賺來了度蜜月的資金。

每次看過這個故事，都會在哈哈笑之後，感觸到有趣的力量。有些有趣，和有錢無關，卻是生命裡長久的富足。看一看身邊活得有趣的人，並非是坐擁金山的老闆或大咖，只不過是平凡的人，更懂得去尋找生活中超越金錢的魅力。而我也從這不斷的「看見」中懂得，真正的有趣是會省錢的。

省錢，也真正賺到了大趣味。

你永遠不可能討好所有人

活著，就遵從己心，相信自己，不要太過於在意別人的想法。

很長一段時間，我的性格裡都有一種病態的自卑，不管和誰說話，總是想著去討好他，比如人家問起「你覺得我這衣服怎麼樣啊？」話音未落我已回答「特別好看，我尤其喜歡這顏色。」或者，有人說「我最近胖了吧？」我就說「哪裡哪裡，你還是很苗條呀！」再或者，「你想去看海還是爬山？」我想都不想，「都行，你喜歡哪裡我們就去哪裡。」生活中諸如此類的對話，我都在用討好的方式回答著，能夠讓別人開心的答案，我無一不在順從著。我不是個有心機的女生，也沒想過靠這樣的討好去獲得什麼實際的利益，我只是單純害怕，此刻站在我面前的這個人會不開心。

然而，我快不快樂？

「我呀？我的快樂無所謂。」那時我心裡就這樣想。

我猜想這樣的性格大概來自童年經歷。母親是好強的人，生怕我比別人差上半點，又從不願意在別人面前誇我半句，每次在路上碰見了熟人，總是以數落我作為告別，「這孩子就是不會說話！」一次去老師家學琵琶，師母恰巧在家，這個明快的女人問我，「這週過得好嗎？」母親就站在我身邊，像極了一堵隨時會塌向我的牆。一時間我既害怕說「好」，又害怕說「不好」，脫口而出「還行……」一個小時的課程，母親的臉越來越陰沉，回家的一路上使勁推我，「什麼叫『還行』，人家問你這週好不好，你怎麼能說『還行』……話都不會說！」而父親是熱愛張羅酒局的人，愛熱鬧也極度好面子，偶爾把我帶去酒桌上，眼裡總是會流露出對別的孩子能言善道的羨慕，而卻只能尷尬地對別人說：「我這女兒，就是老實，不愛說話！」有一次我清楚看到父親的失落，於是也學著飯桌上一個叔叔的女兒，嘴巴抹蜜般一口一口「老爸」地叫，父親的眉頭舒展開而我心裡卻害了怕，那一刻我幾乎確定，我只有開始扮演成別人的樣子，父親才會愛著我。

我大概就這樣成為了一個失去安全感的孩子，整個青春期都在擔憂中度過，「老天求求你保佑我，不要讓我遇見熟人，也不要讓我去任何聚會。」因為缺乏安全感，我也開始了自以為正確的自我保護方式，那就是討好——我討好父母，能讓他們高興的事情我尤其願意去做，因為我怕他們不愛我；我也討好朋友，只敢順應她們的喜好，因為我怕這些朝夕共處的人有一天不再願意和我玩；我討好著長輩，在心裡練習著每一個人想聽的話，因為我怕他們會把「某某某這孩子招人煩」這樣的話講給別人聽……我在這種恐懼中長大，長大後又去討好戀人，做僕人做塵埃都可以，因為害怕他會離開我，我甚至去討好一個陌生人，在那些需要針鋒相對的時刻，我把所有機會留給對方去刻薄我，因為我怕對方不開心，受到來自我不假思索的傷害。

「討好」就這樣讓我的性格出現很多陰鬱的地方，我自卑，軟弱，敏感，易恐懼，這些情緒到了大學時對我的生活產生了非常負面的影響。大學裡人才濟濟，我更覺得自己可悲，開始害怕見人，害怕拋頭露面，待在宿舍裡的時間永遠比教室裡多，莫名其妙的就覺得自己哪裡不好，然後蜷在被子裡哭一場。畢業那年，我大概已經給自己帶來了近乎心理疾病的狀態——和人說話時，總是會在心裡演練一遍；對什麼都提不起興趣，時常生無可戀；坐在人群中極度不自在，非常在意別人的眼光，徹底成為了一個沒有觀點的人；極度不自信，遇見喜歡的人和事都不敢放手爭取，覺得輸才是自己應得的。

畢業的一年也是我決定遠行的一年，我在臨行前卻發現，多年來我竟然因為「討好」而變成另一個人——我只穿別人覺得好看的衣服，去別人喜歡的餐廳，做別人覺得正確的事，說別人會喜笑顏開的話，而我竟然從不知道，我喜歡什麼？我是個怎樣的人？我的人生，是快樂的嗎？

我是在遠行的過程中才發現了一個真實的自己。我至今都相信，每個人的人生中都要有一次獨自旅行的經歷，無論遠近，無論期限，一個人旅行，是遠離家鄉，也是靠近心靈的過程，那些在從前生命裡被忘記或丟棄的東西，在行走的過程中又會被拾起來，原原本本地回歸到內心中。我在遠行的這條路上，發現那些陌生城市裡的陌生人，似乎沒有人在用世俗的條條框框圈住誰。我看到，那些粗腿粗腰的女人穿著緊身牛仔褲依舊神采飛揚，那些六十歲的女人穿低胸裙子在酒吧優雅地喝一杯紅酒，那些追逐夢想的藝人在人來人往的街頭毫不膽怯地演奏，那些同性戀人手牽手走在街上神情幸福又自在……原來不一定只有討好別人，才能夠取悅自己，而那麼多年裡的自己，一直以討好的姿態生活，卻沒有給人生帶來任何改變和益處。

我討好著父母，可父母對我的愛終究沒有少一點。

我討好著朋友，該離開的還是離開了，沒離開的還是一直在這裡。

我討好著長輩，其實長輩們也有自己的生活，並不是所有人都在意你。

我討好著戀人，卻低賤了自己的尊嚴，最後只能看著他不辭而別，頭也不回。

我討好著陌生人，心裡吃著啞巴虧，失去的自尊，總得用大把的眼淚討回來。

當我開始學著放棄討好，我的人生也漸漸發生了改變：我敢穿裙子露出小粗腿了，我敢在別人面前發表觀點了，我敢告訴朋友其實她選的餐廳我不喜歡，我敢把藏著掖著的夢想大大方方地拿出來追求了……我發現其實自己是個挺可愛的女孩子，慢熱卻執著，豪爽灑脫，嚮往沸騰的生活方式，從不允許自己隨波逐流……這些自己不曾認可的優點，從「做自己」

的過程中慢慢顯現出來，拼拼圖般地，一點點完整著我的生命。

很久前看過一個影片，王菲和李亞鵬離婚後，在一次記者會上被問到是否已經辦妥離婚手續，她毫不掩飾自己的不悅，質問記者道：「這跟你有什麼關係啊？」我那時並不懂「做自己」對一個女人的生命有多重要，還為她捏了一把汗，然而看到如今的王菲，離過婚後依然能夠像小女生般幸福地去戀愛，我才明白，一個聰明的女人早已知道，在不去傷害別人的前提下，我行我素才是活著的最美姿態，原來，我們從來都不必去討好任何人。

一九四六年《地平線》雜誌對喬治．歐威爾進行了採訪，採訪中有一個問題是，「你對希望以寫作謀生的年輕人有什麼具體的勸告嗎？」

喬治．歐威爾答道，「我在開始（寫作）的時候得拚命掙扎，而且如果我當初聽從了別人對我的勸告，我就絕不會成為作家。甚至在最近，我寫了什麼認真寫的東西的時候——總有人竭力——有時是相當有影響的人——要使得它不能夠出版。對於一個意識到自己有一些抱負的年輕作家，我能給的唯一勸告是不要聽別人勸告。」

我想他說的意思是，活著，就遵從己心，相信自己，不要太過於在意別人的想法，因為你永遠也不可能討好所有人。

不要在最艱辛的時候與人談夢想

飢餓與孤獨，它讓我更加認定自己的真心，從淒苦的日子裡活出一種灑脫。

有那麼幾年，我小心守著一個寫作的夢想，就像守住一份祕密，只與三兩個摯交分享。天底下只有她們知道我對人生的決定，支持我脫離常軌的浪漫，餘下的時光，我混進人群，做庸常的女生。

看起來就和那個大學畢業後匆匆嫁人做了主婦的小紅或是小麗一樣，正走著同一條瑣碎而平凡的路。

不是自私到不想把夢想與人分享，也嘗試過把心打開和身邊的人交談，可每每總是碰壁，撞到我心裡流血。

彷彿現實世界裡人人都是悲情主義，爸媽，朋友，半生不熟的人，都在以不同的形式發表著滔滔的反對。

我就這樣從十幾歲長到二十幾歲，我的臉龐變了，我的人生觀變了，我的朋友和愛的人都變了，彷彿什麼都變了，只有寫作的夢想和身邊人的反對，十幾年間都保留著同樣的相貌。

我在二十三歲踏上了一條遠行的路。

這件事令我至今都覺得，遠行是保護夢想也是驗明真心最好的方式，一場遠行，讓我開始了在夢想與現實之間長久的掙扎，我亦為此付出高昂的心理代價。

那些年過得並不輕鬆，開始在異國獨自養活自己，如一股腦兒跳進水裡般投入到無止境的工作裡，失去的愛情更加讓我意識到夢想的重要。

人大概總是習慣盲目地把矛頭指向人群中的異類，我為生計所掙扎的圈子讓我看不到夢想的痕跡，大概有些人的成長過程就是把十幾歲時的夢想一點點遺忘掉吧。

我成為一個不被歡迎的異類，在不小心把寫作的欲望表達的時候，我聽見那諷刺和反對的聲音再一次排山倒海地來。

這些嘲諷與反對讓我意識到一種殘酷的道理，沒有人願意從一個看起來失敗的人身上耐心搜尋希望。對於弱者來說，在夢想實現之前，一切的努力在別人的眼中都是毫無意義的。

那時，生活的窘迫已經出賣了我，我居無定所，錢包空空，工作忙碌，看起來就是那種「不可能實現夢想」的弱者，除了心有一萬種對文字的熱愛，我並不具備以寫作為生的實際條件。

我能做的，只能是憋住這股不甘，用努力賭一場，並告訴自己，不要在最艱辛的時候與人談夢想。

那幾年我一個人過，成為一個靜默的人，這靜默讓我有了融入人群的偽裝，不再因為夢想的話題而遭到排擠。

我工作起來很賣力，在金錢與時間之間奮力爭著平衡，旁人笑說我愛起錢來不要命，然而我知道，自己為生活付出的所有辛苦，只為了鋪墊一條寫作的路。

這樣的生活多多少少考驗了我對夢想的真心，那幾年我看見太多的清晨五點和夜半時分，承受過太多來自並不熱愛的工作的委屈，我不買衣服，不參加聚會，守住白麵包和白開水也能快樂地活一整天。

文字帶我超越了貧困，飢餓與孤獨，它讓我更加認定自己的真心，從淒苦的日子裡活出一種灑脫，泡麵裡是夢想，舊衣服裡是夢想，午夜檯燈緩緩的燈光裡也是夢想。

我對文字的熱愛，比勵志的故事，更早到來。

什麼樣的幸運都不如努力持久。

一個死守住夢想的人的力量是無比強大的，靜默抵住了反對的聲音，靜默給了我不受干擾的條件，靜默讓我在辛苦的現實裡看清自己對於夢想的需要，讓我看到文字終於慢慢成為我生活裡最重要的部分，讓我聽到那些曾經的反對聲音如今變成了一種認可。

我在夢想照進現實的這一刻，感謝最低谷日子裡的靜默，給了我此刻眼前的光明。

一個二十歲出頭的女孩子和我聊夢想，她說自己正遊走在崩潰的邊緣，迫切需要用訴說來解脫。

她說自己畢業後不顧家人反對來到遠離家鄉的城市打拚，從事自己所喜歡的編輯行業，自己也期待著哪一天能用雙手去寫小說，而不是用來做什麼別的工作，然而不僅家人持反對意見，連在把夢想分享給朋友時也遭到懷疑和輕視。

她問我，追求夢想有錯嗎？

我詢問了她的生活，知道了女孩的基本生活狀態：她每個月薪水不多，勉強滿足溫飽，和五個人合租，時常因為誰起得早誰睡得晚而發生爭吵。

她很少出遊，金錢和時間都花在閱讀和寫作上，為夢想傾盡全力，但每次回家身無分文的狀態讓父母和朋友都對她的夢想表示「怎麼可能呢」。

我能夠感受到女孩甘願為夢想做出的奮力掙扎，也絕不懷疑她對此事傾注的認真，更相信她的努力總有一天會把她帶到一條光明的路上，但我也想像著她剛剛及格的生活，只能告訴她，「不要在最艱辛的時候與人談夢想」。

越長大越發現世界的殘酷，人們走得那麼急，沒有時間聽一個看似失敗的人訴說夢想，那麼多人捧著一顆真心卻被冷言冷語刺到流血，就這樣在現實中敗下陣來，但卻不知道實現夢想和發財的道路有點相像，悶聲低頭走的人，往往走得最遠最踏實。

每天在微信公眾號後台收到很多朋友的留言，其中很多人都有過夢想不被認可的經歷，都對此大為苦惱。

年輕時我們總是抱怨世界的不寬容，忘記了自己的一無所有恰恰是不寬容的導火線，殊不知這樣艱難的狀態怎樣換來別人的信任和支持？

真正的成功者，不拿真心，而是拿事實去說服別人。

今天早晨，照例坐在電腦前打字，敲鍵盤時劈哩啪啦的聲音刺激著腎上腺素，昏黃的燈光令我產生一種回到過去的錯覺，就這樣想起那些年保持著靜默的姿態。奮力向夢想奔跑時聽見的一句鼓勵：強者的夢想不語人知。

一直記到了夢想來臨的那一刻。

為自己的人生負起責任，
只有自己才能真正選擇，
是繼續深陷泥潭，還是去做一個拯救自己的人。

愛情也是需要努力的

有價值有品質的愛情永遠要去主動地「掙」得。「掙」的過程，是成長，成熟，純化的過程。

1

小西到我這來，還沒坐穩，就哇啦一聲地哭開了，她說：「為他飄洋過海地來了，怎麼最後還是要分手？」

小西是我的朋友，和男友阿凱在一起足有五年，其中後兩年他來紐西蘭創業，小西在中國苦守。聽過很多異地戀人不安分的故事，我更對小西和阿凱的感情心有佩服。兩年裡阿凱一心撲在事業上，還真闖出一點名堂，先是讀完了廚師學歷，後又去幾處的餐廳工作取經，最終在購物商場一角開了一家屬於自己的小餐館，店面不大，但人來人往。生活安頓下來，阿凱這時也如願把小西接來了。小西漂亮，阿凱有手藝，兩個人的夫妻店一開始經營得異常順利。

我不太相信阿凱會做出分手的決定，安慰著小西，問她：「你們拌嘴了？」

小西搖搖頭，滿臉委屈。

我試探著：「那……他有別人了？」

「沒有哇！」小西哭得更凶。

我糊塗了：「難不成在一起五年了，雙方父母還不同意？」

小西一雙眼通紅：「大家都贊成呀！」

我徹底困惑：「那到底是為什麼呀！」

「他嫌棄我不學英文！」繼續嗚嗚地猛哭不止。

2

小西剛到紐西蘭的時候，和阿凱形影不離如膠似漆，兩個人感慨終於相聚了，不用再受著一場場相思的苦。

可是阿凱卻漸漸發現，這兩年的異地生活，讓兩個人之間拉開了巨大的差距，這差距讓彼此變得陌生起來。

阿凱和我講過他的奮鬥史，他說自己在出國的兩年裡做了別人十年都沒做過的事，一個接著一個跟頭地摔，終於變成了真正的成年人。阿凱笑說曾經的自己是個五穀不分四體不勤的大嬰兒，剛來這裡的時候什麼都需要從頭開始學。他不會開車，去哪裡都只能依賴公車，眼睜睜地看著大把的時間浪費在等車上，於是終於下決心用半年時間考到了駕駛執照；他英文很糟，聽與說都很差勁，讀理論課時能聽懂百分之二十就不錯，後來下狠心每天早上聽英文新聞，厚著臉皮抄別人的筆記，追在老師屁股後面問愚蠢的問題，堅持到畢業時他幾乎科科成績都是A。他計畫創業時對餐飲行業沒有太多的瞭解，就去各處的餐館打工，在那裡察言觀色，甚至從經理的一通訂貨電話和服務生的待客方式裡都能學到新的知識。等到自己的小餐館起步，阿凱又開始一個人的奮鬥，研究稅務，買菜訂貨，接待顧客，這些在生活裡出現的陌生內容，硬生生地把他逼成了一個全能的人。

阿凱深知這些技能的重要，總是和在中國等著來這裡的小西說，「來之前盡量學學開車」「有空的時候多看看有關餐館接待顧客的禮儀」「在網路上報個會計班聽聽」「一定要把英文學好啊」……

小西在阿凱出國的兩年裡辭掉了工作，每天在家裡等著一張去紐西蘭的機票。不用再朝九晚五地辦公，小西自己也懈怠了，整整兩年裡的生活，阿凱在大洋彼岸活得熱氣騰騰，小西卻把日子過得冷清，完全把阿凱的忠告忘在腦後，以至於阿凱給自己留下的英文學習資料，小西到坐上飛機的那一天才看了兩頁半。

等到小西和阿凱的甜蜜期過去，兩個人都漸漸發現了這種差距。

阿凱接待顧客聊得火熱的時候，小西根本聽不懂也說不出一句話。

阿凱在熬夜做帳的時候，小西看著那些數字就發怵，完全幫不上忙。

阿凱在店裡忙的時候，小西也不能幫忙去進貨，她只敢坐在車中的副駕駛座。

漸漸地，阿凱似乎承包了生活和工作中的所有事情，因為小西不知道該如何繳水費電費，不懂該如何與顧客寒暄，不能開車去幫忙替餐館進貨，不會做帳目表格算一算店裡的盈餘或虧損。

阿凱感覺到越來越大的壓力，心有憂愁，勸著她：「小西，你得學學開車，學學英文，這些技能真的特別重要。」

小西習慣了阿凱在身邊幫她代勞一切，總是這樣說：「不是有你了嗎？」

有一次阿凱陪著朋友去醫院看病，小西在家把一頓熱飯等到冰涼，看著阿凱進了門就嗔怪道：「人家那麼大個人了，去醫院還得你陪著？」

阿凱大怒：「我不去？我不去的話以後我們倆誰病了，我知道該去哪個醫院嗎？知道該怎麼解釋病情嗎？這些我不去做，你會嗎？」

小西噤了聲，卻一路哭到我這裡。

3

今年一直在看一檔電視節目，數十對鬧分手的戀人站在舞台中央相互指責，場面熱鬧，道理殘酷又清晰。其中有一對戀人令我印象深刻，男女異地幾年，男方突然提出分手，遲遲不願說出理由。女方控制不住情緒，大罵男方一定是變了心，害自己白白耗費多年青春，可男人卻不急不緩地解釋，自己沒有變心沒有出軌，這麼多年裡，兩個人的姿態一直是一個向前跑，一個向後退，他只是再也無法承受兩人之間越來越大的代溝。他看著女方，有點無奈也有點心痛，「我為什麼拽著你往前走你都不願意？」一句話讓多少人在愛情裡瞬間清醒。

專家為這段感情評論，「兩個生活方式最接近的人，在一起的生活才是最穩定的，才會擁有最穩定的愛情。」

人們常說愛情不是生意，不能經營，也自然是不需要努力的。我卻發現這是最大的謬論，大多數情況下一段愛情難以維持，感情發生了質變，最根本的原因，往往是因為一對戀人之間的差距拉開，一方在進步，另一方原地踏步，最後兩個人漸行漸遠，生活中不再有共同的交集。

幾日前讀完賈平凹的《廢都》，也以旁觀人的眼光看得清楚，莊之蝶之所以對數女子風流，卻不對牛月清有半點的眷戀，就是因為兩個人一前一後地走在人生路上，無法建立同樣的交集，內心也再無產生愛情的動力。

嚴歌苓在《波西米亞樓》裡寫過一篇文章，叫作〈「掙」來的愛情〉，也說出了在愛情中努力的必要。她寫道，「一個人在情感生活中只消耗而不儲蓄是危險的。有價值有品質的愛情永遠要去主動地『掙』得。『掙』的過程，是成長，成熟，純化的過程。」

4

幾天前我去找小西，她第一次冷落了我，手裡拿著一本英文書對我說：「等我看完這一頁，今天的學習任務就完成了，你先坐著等等我。」

吃是一種教養

吃是一件非常嚴肅的事，嚴肅到，
很多時候它在不經意間，就毫不留情地顯示了你的教養。

我對吃有種很頑固的信念，覺得這種人類最本能的行為，也包含著深刻的智慧。

讀書的時候，一個炎熱無風的夏天，班裡幾個女生一起買了半個西瓜解暑。坐在寢室裡，幾個人渾身汗涔涔，拿著勺子互相推讓，「你吃吧」，「你先吃吧」……於是我們幾個女生客氣地繞開西瓜中間的部分，貼著西瓜皮挖著發白的果肉，這時一個女生一邊從西瓜正中間挖去一大塊，一邊和我們這些彼此推讓的女生說，「你們都傻，其實西瓜中間最甜！」我看著那副得意洋洋的樣子，從此對她再無好感。

後來上班，每天午餐和一些同事坐在一起吃飯，經常交換食物，誰帶了新口味的餅乾，誰做的炒飯帶多了，大家都願意互相分享。一位護食的男同事每次把自己的飯吃得飛快，然後眼睛緊緊盯著別人的筷子，口水都要掉進我們的便當裡，還要假惺惺地問上一句，「你這個飯一定特別好吃吧？」每到這時就會有人不情願地把食物分給他。有一次我早上準備匆忙，只把前一晚剩下的一小點晚飯帶做午餐，其中有兩塊小小的烤馬鈴薯，男同事的眼睛掉進我的飯碗裡，最後忍不住說，「給我一塊行嗎？我就是想嘗嘗味道。」我把馬鈴薯全部給了他，整個午後饑腸轆轆，後來聽他和別人吹牛，自己每個月都要買一件Armani的衣服，從此再沒有交集。

有一次和一群朋友去旅行，同行一個男生的女朋友總是嚷嚷餓，對吃飯比旅行更有興致，每到一個目的地，先挑自己喜歡的餐館，把點菜權霸占在自己手裡，點超過自己胃口很多倍的飯菜。吃飯期間，不是「這個麵做得太鹹」，就是「沒有家裡做的好吃」，胃口不對的東西，向前一推，不再吃一口，像個任性的小朋友。每次離開餐館，桌子上都剩下一堆食物，動了一筷子的麵條，白花花的米飯，幾個吃不完的包子，統統留在身後，讓人看了忍不住心疼。後來我們結束旅行的那一天，以火鍋作為告別餐，席間女孩把醬料灑得到處都是，霸著一盤雞翅把細碎的小骨頭吐了半張桌子，學生模樣的服務生來收拾桌子的時候，女孩正興高采烈地忙著和別人講笑話，她的男朋友也笑得正開心，我拿衛生紙把雞骨頭掃進盤子裡遞給服務生，心裡卻泛起一陣噁心。

我是一個特別愛吃的人，很多記憶中的好時光都在餐桌上度過，小時候熱愛媽包的韭菜盒子，燉的酸菜冬粉，爸做的鍋包肉，炸醬麵，就連平常的白菜燉豆腐也能讓我吃進滿滿兩碗白米飯。長大後我對吃的熱情也不曾褪去，我喜歡在餐桌上和人打交道，喜歡讓愛情和友誼在熱氣騰騰的氛圍裡萌生，我總覺得那碗筷間的好滋味就是恰到好處的人間氣。出國之後，更是常常想念家鄉的味道，每當看見街頭有寫著中文字的餐館招牌，心裡和舌尖都湧起一股暖意，我們這個溫和的民族，對吃總有一種特別的情懷，那顆粒飽滿的東北大米，種類繁多的西北麵食，小巧精緻的廣東早茶……都是文化裡最精髓的部分。

我一直在意吃的內容，卻漸漸發現，吃不僅是一種文化，更可以成為一種修養。餐桌上，吃這種簡單的行為，呈現著多種態度，有些人吃相粗野，有些人吃飯優雅，有些人吃獨食，有些人喜分享，有些人不顧禮節，有些人處處周全……臺灣作家林清玄在描寫一篇有關食物的文章中說道，「人總是選著自己的喜好，這喜好往往與自己的性格和本質十分接近，所以從一個人的食物可以看出他的人格。」而我覺得，不僅僅是吃的內容，吃的態度，也可以看出一個人的人格，這種人格，就是教養。

我出生在一個普通的家庭，恩格爾係數（編註：指家庭支出中飲食費用所占的百分比）總是很高，爸媽對我的教育大多和食物有關，特別直接。記憶中小時候的某一天，媽還在廚房裡做最後一道菜，餓極了的我就拿起飯碗自顧自地吃起來，爸嚴厲地教訓我，「放下碗，你媽還沒上桌呢。」自此和別人吃飯，都要等到飯菜全部上桌，每個人都坐到餐桌邊，才肯動筷；有一年過春節的時候，我和爸媽去奶奶家，我看著擺在桌子上的糖果和零食，貪婪地不停塞進嘴裡，媽湊到我跟前，非常嚴肅地說：「不要像什麼都沒吃過一樣。」自此知道，不管走到哪裡，在誰的面前吃東西，都要吃得適度，吃得體面；高中時朋友來家裡做客，媽做好晚餐，席間我吃得酣暢，朋友卻不好意思動筷，媽一邊告訴朋友「就當這是自己家」，一邊在餐桌上對我說：「快給你朋友多夾點吃的。」自此有了習慣，招待客人的時候，餐桌上要照顧到每個人的感受，盡力做到周全；長輩慶生的時候，爸媽在旁邊提醒我，「要先給長輩夾菜」；爸媽和朋友聚餐，餐桌上不忘教育我，「不要把盤子裡的最後一塊肉夾到自己碗裡」……這些有關吃的樸實道理，讓之後的我不管走多遠，都一直記在了心裡。

出國以後，我在很多小餐館裡打過工，觀察過很多人的吃相。有些人吃飯講求排場，明知道吃不完也要點到滿桌，往往臨走時桌子上還剩著幾盤只動了幾筷子的飯菜，寧可浪費也不打包，一點都不覺得心疼；有些人吃飯怕吃虧，每樣菜上來之後，必定先夾上一大口，整個用餐期間眼睛都是帶光的，生怕自己有什麼比別人少吃了一點點；有些人吃飯不顧其他人，霸著菜單只點自己喜歡的食物；有些人吃飯髒兮兮，把整張桌子都沾上醬汁和飲料；有些人吃飯帶著一股驕傲情緒，喜好無緣無故地支使服務生，走的時候還要打個飽嗝吐在你臉上……當然，也有可愛的女孩和小夥子，吃飯的樣子實在惹人喜愛，他們介意彼此的喜好，照顧周邊人的情緒，態度溫柔地對待食物，臨走時，還貼心地把小盤子疊在大盤子上，用餐巾紙把桌上的汙垢擦去，然後笑著和我說謝謝。

那個時候，我和一起租房的小女生私交甚好，她還沒經歷過戀愛的滋味，一直在糾結要不要和一個追求她很久的小夥子出去約會。她一雙清澈的眼睛眨巴眨巴，問我，「怎麼才能知道他是不是個好人呀？」

我條件反射地說：「這還不簡單？我在餐館做了那麼久，最好的方法就是和他吃頓飯吧。但凡那些能夠在餐桌上幫你拉椅子，能照顧你的胃口，不厭其煩地問『有沒有忌口的食物？』『魚是喜歡糖醋的還是清蒸的？』吃飯的時候不忘先往你飯碗裡夾肉的，也能夠在吃過之後把桌面稍微清理一下的，這樣的男生，把這套餐桌學問用在生活裡，我不相信他能壞到哪裡去。但那種吃飯專挑自己喜歡的，不管不顧你感受的，把桌子搞得像災難現場似的，就別想了，能把一頓飯吃糟的，大概自己也好不到哪裡去。」

後來女孩去和小夥子約會，回來時垂頭喪氣，不用問也知道進展並不順利。她遞給我兩個熱氣騰騰的便當盒，對我說：「姐，還沒吃飯吧，我給你打包了個炒飯和酸辣湯。」

在我們的人生裡，吃是一個多麼重大的話題，我們和家人吃溫馨的晚餐，和多年不見的朋友聚在一起喝咖啡，和閨密去甜點店吃提拉米蘇，拉著戀人享用浪漫的燭光晚餐，在畢業聚餐上喝得酩酊大醉……我們遇見不同的人，和他們一起吃飯，在不同的言談舉止間，學會一些規矩，也漸漸總結出這樣的道理：吃飯的時候，凡是要第一個夾菜，夾最大塊排骨的人，八成生活裡也是自私的，那些在你吃東西時一定要借著光嘗一嘗的人，大概生活中也常常占著別人的小便宜，而那些肯為你先盛一碗湯，把魚肚子最厚實的那塊肉夾給你，不鋪張不浪費不過分挑剔食物的人，他們不一定是你最親近的人，但一定是正直的，善良的，可以值得信賴的人。

我記得讀書時候，班級裡有兩個女生選擇了同一節體育課，體育課下課的時候就是中午午餐時間，所以兩個女生A和B，上完課就順便一起去吃午飯。A的家境殷實，對吃很有講究，幾乎頓頓流連學校外的小館子，B是貧困生，每一餐都在學生餐廳解決，一素菜一白飯，嚴格控制開銷。幾次在學生餐廳裡遇見她們的時候，A總是和B一樣，要了一模一樣的飯，清淡的素菜和白飯，A吃得特別開心，兩個人也聊得歡暢。畢業幾年，我一直記得A那張善良的面孔，每次想起都不禁感慨，吃是一種多麼直接的教養。

我始終相信，一個在吃上講求道德的人，骨子裡一定也有個高尚的靈魂，因為吃是一件非常嚴肅的事，嚴肅到，很多時候它在不經意間，就毫不留情地顯示了你的教養。

兩個生活方式最接近的人，
在一起的生活才是最穩定的，
才會擁有最穩定的愛情。

你得做個拯救自己的人

我的態度，決定了生活的模樣。

二十歲出頭的時候，我處於極度痛苦之中。

那不是轉瞬即逝的一陣子，那是我青春最美好的四年時光。

我天性敏感，後天尤甚，進入大學後，失去了每天以「學習」為主題的強制性充實自我，性格裡的陰影就這樣大面積爆發出來。我懼怕人群，缺乏自信，學業不順，身材肥蠢，戀情坎坷，失去夢想。

我甚至覺得自己有了一點憂鬱症的前兆。

我逃掉太多的課，有時候明明已經走到教學大樓底下，我還是扭頭回到寢室鎖上門與自己為伴。

每當在校園裡看見美好又幸福的女生，我的心情就瞬間墜入谷底，因為「自己怎麼什麼都沒有」。

而在過馬路的某幾個瞬間，我真想一頭撞死在那輛飛馳而過的卡車上，覺得生比死艱難得多。

一個人所有的不愉快都是有誘因的，而我的煩惱極像是一團亂麻，如果你肯理順它扒拉到中間，就知道我為什麼一直以來悶悶不樂，而我心裡也一直清楚，這生活中諸多不如意的核心，就是我太胖了。

那四年間，我從剛進大學時的四十七點五公斤，迅速吃成五十公斤，再放縱成五十五，變成六十，最後膨脹作體重計上的七十五。我的衣服每幾個月就小下一個尺碼，連悶熱的夏天時都只敢穿長衣長褲遮肉。

我那麼胖，越來越胖，胖到無可救藥，而對於一個女人來說，肥胖是比失戀更可怕的遭遇，它在我的生活裡滋生了一系列的壞情緒，讓我自卑，敏感，不敢爭取，也不想活下去。

其實我心裡明明知道解決這個問題的方法，卻懷揣了四年，一直在拖延——我本應該和那些女孩子們一樣，每晚去操場跑步或跳繩，維持兩位數的體重。取而代之的，我給遠在家鄉城市的朋友發了簡訊，「我要節食減肥了，你一定要監督我啊。」

後來效果可想而知，朋友在忙著自己的事情，哪有時間來監督我，而我就這樣自暴自棄，帶著七十五公斤的肥肉畢了業。畢業照上的我，醜，胖，一臉的不安，那不是青春該有的樣子。

我帶著這些肥肉又過了幾年，身上的壞情緒更加嚴重，完全影響到了我的正常生活，我這才下定決心去跑步。

我對跑步一無所知，初跑時穿著緊身褲和大T恤，連鞋子都不是專用跑鞋，人生跑過的最遠距離是要死要活的八百公尺。我堅持了一個月，卻幾乎沒有看到效果，且生不如死，每天早上起床四肢僵硬痠痛，並要死命和意志力對抗。可是堅持第二個月的時候，變化卻一點點發生了，我可以連續跑很久，速度提高，耐力增強，體重也穩穩降下來。

跑步是一個特別痛苦的過程，卻讓我發現了一個很重要的問題：成人世界裡，唯有我才能拯救自己。

遙想大學時代的自己，覺得有點恨其不爭，如果可以每晚在操場上跑步，保持住體重，那何苦讓自己最美好的青春沉浸在彷彿逃不出的痛苦裡呢？

這樣的想法也波及了我生活中其他的方面。我很少再去抱怨或訴苦，也不再把希望寄託在別人身上。我瘦下來，堅持跑步，注意飲食，生活由一團亂麻變成了一件特別容易的事。我只是堅持一種信仰，我的態度，決定了生活的模樣。

自從開始跑步，體重減下十幾公斤後，也經常在網路上和大家分享心得。

不時地就會收到這樣的私訊：

「我也是一個胖女孩，現在每天都憂鬱，特別害怕和別人接觸，我想跑步減肥，就是堅持不下來，你罵罵我吧！」

「我上大學後養成了愛吃零食的習慣，一個學期胖了十幾公斤，我該怎麼辦啊，有沒有什麼不用太辛苦也能瘦下來的辦法？」

不僅是肥胖，更多的問題也投向我。

「我這個月把信用卡刷爆了，明明知道沒錢但看到好看的衣服還是管不住自己，怎麼辦呀？」

「我要和男朋友結婚了，他之前出過軌相當花心，我也知道他不是個能給我安定生活的人，我好痛苦啊，該如何選擇？」

「我知道學習英文很重要，幾乎每個進入社會的人都和我這麼說，你能不能給我一份學習資料的壓縮檔？」

諸如此類的問題，每天都會出現，而總是免不了一番感慨。

或恨其不爭，或愛莫能助，或難以理解。

我觀察過身邊一些過得不如意的人，發現大家無論在經歷著多麼千差萬別的煩惱，卻幾乎都有著同樣的弱點：明明知道自己不喜歡眼前的生活，可就是懶得改正。

我也觀察過身邊一些有所成就的人，看到大多數人都有一個共同的特點：他們幾乎從不抱怨訴苦，或者把期望寄託在別人身上，認為這是最浪費時間的舉動。他們解決問題的能力非常強，果斷，迅速，把它對自己生活的負面影響在最短時間內降到最低。

我從前以為成功人士的人生平順，才能做出多於常人的成就，而後來卻發現他們的人生並非一帆風順，有時甚至比常人更坎坷，只不過在他們的世界裡，面對問題的態度非常簡單：

如果覺得身材欠佳，那就去跑步去爬山去做瑜伽。

如果覺得錢包乾癟，那就去努力工作拚命賺錢。

如果覺得缺乏進步，那就學習去彌補不足。

如果戀情不佳，那就盡力修補或選擇分手。

……

一直喜歡一句話，靈魂是註定獨行的。

越長大越更能夠深刻體會到，一個人的一生，父母伴侶或者朋友，都不能成為同行一生的人，只有自己最瞭解自己的痛苦，知曉自己的快樂，為自己的人生負責任，也只有自己才能真正選擇，是繼續深陷泥潭，還是去做一個拯救自己的人。

活著，就遵從己心，相信自己，
不要太過於在意別人的想法，
因為你永遠也不可能討好所有人。

錢對一個女孩子有多重要？

一個男人的品質優劣，往往體現在他最有錢的時候，
而一個女孩子的人格好壞，往往展現在她最沒錢的時候。

大學畢業後，我第一次真正意識到家庭的富有程度給不同人所帶來的人生差距。那時我的好朋友決意去歐洲求學，經商多年的父母支持她去讀學費咂舌的貴族學校，她性格一向坦蕩，做什麼都勇往直前毫無顧慮，讀書一年後決定放棄學業回家鄉工作，又開始歡暢地「折騰」。我清晰記得她那年生日曬出的禮物，是一輛Land Rover車。而我的另一位朋友，畢業那年在離開宿舍前惆悵，「助學貸款不知要幾年才還得完」，工作後她和男朋友結了婚做了媽媽，這兩年裡圍著孩子團團轉忙到面黃肌瘦，上一次看到她在社群動態發了自拍照，疲憊的黑眼圈令人鑽心疼，那張照片下面這樣寫，「孩子的奶粉錢下月還沒著落。」至此深深感受到人生的這份不公平。

這兩種人生令我真實感觸著金錢的功用，作為一個出生於普通家庭的女生，畢業後的這

些年，我也一直在嘗試用後天努力克服著先天的家庭差距。童年時我做爸媽日日爭吵的唯一觀眾，還沒學會乘除法就已經知道錢的重要性。媽那件每個冬天都穿出來的大衣，爸需要出門去上班的清晨五點整，還有我丟了人民幣一塊錢就恨不得臥軌自殺的心情，這些都帶著眼淚烙印在頭腦中。我的情感世界一次次在我媽歇斯底里的哭泣和地板上碎開的花瓶中支離破碎，小小的我那時便已認定，只有錢才能把這裂開的情感重新黏接在一起，很多很多的錢。

長大後，我一度把自己封閉在孤獨的世界裡，不相信有任何什麼能當作我的依靠，唯一認定了只有錢才能成為我的安全感。一心出國後，從落地第二天便拚命地找工作，幾天後在認不全當地硬幣的情況下就開始工作，再到每週打三份工恨不得把每一分鐘都換成錢。說來好笑，打工的那些年，自己竟然一度保有這樣的習慣，每週發薪水時，必定一個人坐在床上，就像是舉行宗教般虔誠的儀式，安安靜靜地，把那些新新舊舊的鈔票，一張一張數過去。我第一次覺得自己特別有錢的時候，是從一份做了兩個月的兼職裡存到兩千塊，整整兩千塊紐幣啊，我把那些鈔票弄平了鋪在床上，我躺在它們旁邊，一張張摸過去，眼睛閉上又睜開，生怕有哪一張就這樣消失在眼前。那晚房間裡靜靜的，我聽見自己發神經地傻樂，然後又哭了。

我聽過那麼多人說著錢不重要，我知道他們大概一眼看穿了我的庸俗、窘迫、恐懼以及更多。可是，一個人若沒有真正經歷過貧窮，又何以知曉金錢的重要？錢在我的生活裡太重要了，在那溫情稀疏的異國裡，因為它的缺席，我不得不走長長的夜路省掉公車費；因為它的缺席，我不得不算計著電費忍著寒冷不肯去買一個電暖器；因為它的缺席，我不敢去參加聚會只能在家裡吃泡麵……可是人窮的時候，最痛苦的不是物質的匱乏，是那些打量著你彷若說著「怎麼總看你穿這一件衣服啊」的眼神，是那些猶豫著坐進你車裡「你這車都這麼破了還能開嗎」的神情，是那些「你好幾年不回國你不想家啊」的聲音，是那些「你怎麼什麼都不懂哪兒也沒去過呀」的發問。你會發現，窮對一個人的生活產生了如此的約束，也竟然毫不留情地削弱了那份挺胸抬頭活著的底氣，從貧窮中延伸出的千萬窘迫曬在人生的表面，卻在人性深處扎根出一股股絕望，這就是錢用扎著心的疼痛讓我感受到的，它的重要。

也不是沒有機會得到些不沾汗水的金錢，幾個在生命中一閃而過的男人們，他們佯裝瀟灑浪漫，在數個女孩們的青春裡走來走去，拿著錢來當感情的籌碼，以為這籌碼足夠能讓一個過苦日子的年輕女郎點了頭。可我那樣倔強，絲毫不肯把感情當交易，惹得一些男人變了臉，惡狠狠說：「我這是看得起你，繼續窮去吧。」我曾把這些當玩笑和女性朋友說起，她連連哀嘆：「你那麼愛錢的人，怎麼和錢過不去？」一個男人的品質優劣，往往體現在他最有錢的時候，而一個女孩子的人格好壞，往往展現在她最沒錢的時候。我笑笑，問她「不沾汗水的金錢，是不是早晚有一天會沾上淚水？」說完轉身繼續拚命賺那些沾滿汗水的錢。

一個貧窮太久的人總是缺乏從容，我很慢很慢才學會花錢的快樂。賺錢和花錢都是一種很好的能力，哪一種缺少都讓快樂受損。舒坦的日子終於跟隨著鼓起來的錢包而來，從前捨不得買的咖啡天天喝一杯都不心疼了，出門隨便挑一個餐廳矇著眼睛也敢點餐了，有人冒昧地問起「你還不結婚啊？」我也敢斜著眼睛瞪回去「和你有關係嗎？」最重要的是，我有底氣勸說父母了：「去吃喝，去旅行，去享受吧，用我的錢！別心疼啊！」錢把我從童年裡那個受了傷的、自卑的、一度絕望的靈魂中拯救了出來。我找回了作為一個女孩子的自信心，那從前被狠狠傷害過的自尊，金錢替我撐了腰。

所以，錢不重要嗎？

如果錢不重要，那麼為何那個聚會時嚷著點最貴的菜和最貴的酒，結束後狼狽溜走的女孩，那纖纖背影剎那間變得醜陋齷齪？如果錢不重要，那麼為何那個樣貌普通看似平常的女孩子在親自為自己和家人賺足家產後，你卻覺得她特別動人？如果錢不重要，那麼為什麼那些深受婚姻之苦的女人們就算姿態難堪也不肯離開多金的丈夫？如果錢不重要，那又為什麼同樣是女孩子，有些人在詩和遠方，有些人卻只能眼前苟且？

深深窮過，才能感激金錢帶來的快樂，那銀行帳戶裡多出的每一分錢都能讓人腎上腺素高漲，那種快樂，是私人的，單純的，是別的任何事都不能帶給你的。在那些沒有家人，戀人，朋友陪伴的日子，錢總是能成為一個人抵禦身心孤獨的武器，把一些錢換成一杯咖啡館裡的熱巧克力，把一些錢換成一條質感良好的裙子，把一些錢換成一張去峇里島的機票，換成那些雖不長久但卻非常重要的快樂。錢買不來所有的快樂，但錢能在你和快樂之間搭上一條橋樑，讓你踏踏實實地走在上面，去迎接另一端的美好。這樣的錢，對一個女孩子不重要？

所以我至今頑固地認為，錢不僅重要，錢還能解決生活中絕大多數的問題。看看身邊朋友或是自己所苦惱的問題，錢占有多大的比重？多少女孩子苦惱爸媽催婚，其實是因為自己經濟不獨立常年需要啃老？多少輕熟女還未過三十歲就擔驚受怕成為剩女，其實是因為自己只有青春做籌碼？有多少婚姻不幸福也不肯離婚的家庭主婦，其實只是怕失去金錢來源斷了自己的後路？你會發現，一個女孩子的能力，底氣，尊嚴，生活的質感，說走就走的勇氣，幫助別人的機會，太多太多的一切，全在那小小的金錢符號裡。

很可惜不是所有人都能夠天生免於貧困的災難，我至今還一直相信這人生的不公平，但也相信另一種道理：貧窮的出現是有徵兆的，它從一個人的抱怨開始，繼而在懶惰中蔓延，在異想天開中加重，最後鋪天蓋地席捲而來，讓你連反抗的力氣都失去。可貧窮和病痛一樣，亦有解藥，那爬梯般的努力就是唯一脫離窘態的途徑。也許有人說這世上還有其他方式的解藥，輕鬆也迅速，可貧窮它小肚雞腸，報復心重，一個女孩只有對金錢採用正當的方式並確保其健康的用途，才能維持那份乾淨的財富，不然那邪惡的貧窮有半點機會定以更醜陋的樣子捲土重來。

今早上一個女孩和我說，「人生真不公平，想練瑜伽，可租的地方太小了，連一張瑜伽墊都放不下。」我覺得她那口氣特別像是畢業那年的我，在人生慢慢察覺出的不公平裡喪了氣。

可那不正是我們努力的原因嗎？有錢隨意，沒錢努力，人生就這麼簡單，尤其對於一個女孩子，而且是我們這些活得如此認真的女孩子啊。

Chapter 4

優秀才是你的發言權

#優秀才是你的發言權

自從遠離家鄉就懂得，再艱難也要保持堅強，
因為沒有人會幫你擦眼淚。

那是我背井離鄉的第一年，家鄉已經把夏天過膩了，我卻一個人在南半球強撐著活過一個寒冬。

我在一個小小的咖啡館裡端盤子，全靠這份工作為下個學期的學費存資本，經常熬夜寫作業的虛弱睡眠和高強度的工作量讓我的記憶力有些吃不消。有一次為客人點餐時，我在點單那張紙上把「炒蛋」錯寫成「煎蛋」，結果把食物端出去時就遭受顧客投訴。一直在背後緊盯我的老闆娘瞬間暴跳如雷，這讓我整個下午的耳邊都充斥著反覆的責備：「你怎麼這麼不小心呢！害我損失客人，你知道這是少賺多少錢嗎?你拿什麼賠給我！」

她的聲音是如此地尖利，不帶絲毫仁慈，我不住地道歉，心裡卻抗議著「我已經和客人道過歉了啊！」「我每天不是都早來十分鐘嗎？」「我的手上因為去廚房幫忙還被切傷一道

呢！」可這些委屈就被理智緊緊地卡在喉嚨裡，任何毫無思考就脫口而出的話都能讓我馬上失去這工作。她給了我一個「趕快走開」的手勢，於是我鑽進廚房裡，背對著她，裝作去水槽洗碗，眼淚啪嗒啪嗒掉進滿是泡沫的汙水裡。我那因為工作在右手小指切下的刀傷還沒來得及痊癒，隱隱的痛令我覺得，全世界都在以最惡劣的方式欺負著我。

那一年我就這樣被大大小小的歧視重壓著，每走兩步就會遇見誰的「瞧不起」。我從不後悔自己一個人出來闖蕩的選擇，可我憎惡冷冰冰的陌生人。咖啡館老闆娘每一刻都能被觸動的暴躁神經，自大的客人一副目中無人的模樣，某個科目的老師說出「你期末成績得B就不錯」的預期，一起租房的男孩子看不慣我很晚才回家，一副「沒有錢就回國啊」的傲慢態度，就連那個麥當勞的十七歲服務生都皺著眉頭地遞給我可樂，好像我結結巴巴的英文，不配在這裡尋一處落腳地。我像一隻被巨浪推上岸的魚，身後是在海裡自由穿梭的同類們，可命運卻偏偏把我丟在沙灘上擱淺著，這是一片多麼燦爛的海岸啊，遠處就有此生未遇的美妙風景，可我卻大張著嘴巴，虛弱地發不出半點聲音。

我沒能總結出什麼可以安慰自己的道理，自從遠離家鄉就懂得，再艱難也要保持堅強，因為沒有人會幫你擦眼淚。我是個一無所有的女生，窮得只剩下自尊心，那些敏感的情緒無時無刻不在身體裡發作著，我多少次在心底暗暗地發著誓，我要自己有一天，可以用優秀於現在百倍的姿態，重新站在那些「瞧不起」我的人面前，向所有人證明，我不是應該被瞧不起的那個人。

這樣的心態，說來有點不健康，但是卻讓我在很長的一段日子裡充滿了鬥志，不管誰覺得「你從來不優秀」，或者「你以後也不會優秀下去」，這都成為了我人生的刺激療法。那幾年我有多麼拚命啊，連朋友都覺得我努力到變態的程度，但是人生，必須有一個自己的活法。我拚命地讀書，讓那個說我「期末成績得B就不錯」的老師預測落了空；我拚命地賺錢，在富有的男孩子面前為自己那份飯買單；我拚命地學習，練習開車增強英文，證明給別人看一個女孩子獨立起來也可以做那麼多的事；我拚命地成長，不管是看書寫作做運動，漸漸可以在那些覺得我此生註定平凡的人面前抬起胸膛走路……這些拚命，都讓我成為了一個優秀版本的自己，也讓我從別人開始轉變的目光中知道，優秀就能贏來尊重，優秀就能給自己一個發言權，這是我深刻體悟到的人生道理。

如果觀察身邊突然間奮起的朋友，我們大概會發現，有很多努力並不是自發的，而是來源於一種傷害。我的女性朋友因為老闆一直以來的性別歧視而感到憤慨，提起老闆一副咬牙切齒的模樣，於是一心撲在工作上發誓自己有一天一定要翻身做老闆；身邊也有因為肥胖或相貌平凡突然被戀人拋棄的好女孩，看著前任仰著鼻孔看自己的模樣，決心在失戀後的日子裡用全部精力提升自己，發誓要修煉成一個內外美麗的女人；還有一些在城市中掙扎的年輕人，被黑心房東不停上漲的房租和居高臨下的態度煩憂著，於是加班加時數努力賺錢，發誓要在這個城市裡賺得屬於自己的一平方公尺接著一平方公尺……走進殘酷的社會才知道，天生弱者的女孩子，不努力就沒有優秀的機會，不優秀也就失去了被尊重的機會。

如果你是一個女孩子，和我一樣平凡卻甘願乘風奮鬥，我相信你的人生中也遇見過這樣的時刻，明明懷著一顆善良的心拚命努力著，卻無時無刻不在被忽視著。你在內心深處無比需要被認同，卻偏偏遇見了嘲諷，你渴望被重視，卻偏偏遭到了白眼，你期望自己的才能可以去改變一些什麼，卻偏偏有人告訴你「你不會成為任何人」。若你正在經歷這份坎坷，那只有一個原因，說起來殘酷也真實，「你只是不夠優秀而已」。別去相信美麗可以拯救自己的全部缺點，也別去指責這世界殘忍的一面，很抱歉，現實裡不會存在永久的吸引或同情，人總是頭朝向更好的地方而忽視在低處掙扎的那些人，這是人類共有的特點。

也許你會問我，「一個女孩子，怎樣才算是優秀的呢？」

我很難對這件事下一個確切的定義，但是看看身邊令你心生佩服的女孩子，不難得出結論，她們的優秀，源自多金，美麗，健康，有氣質，有文化，有一技之長……她們保持著兩位數的體重，賺五位數的月薪，氣質出眾，談吐睿智，生活向上，穿著高跟鞋，在這殘酷的世界裡用理性的聲音砸下一個個擲地有聲的符號……這些優秀，或許有點先天的關聯，但什麼都敵不過後天的努力，沒有人可以天生完美，但努力，能夠讓我們越來越優秀。

我是「腳踏實地過日子」的忠實擁護者，不是命運的投機主義，深信女孩子趁著年輕時，多一點努力，就多一點收穫，這世上再沒有比這更划算的投資。你堅持運動保持身材，就不用因為穿不進小尺碼的衣服被人嘲笑；你會開車，就不用在下雨天麻煩別人送你回家；你會賺錢，就不用暗示男朋友給你買那個新款的手錶；你工作出色，就不用被老闆支來喝去冒著失業的風險；你有房子，就不用忍受房東暴漲的房租和糟糕的態度……無論什麼時候，優秀都是一個女孩子的發言權，不管在哪裡，能讓你發聲的機會，都潛伏在你的才能裡。

我曾經發誓，如果變瘦了一定要站在曾經嘲笑我肥胖的人面前；如果有錢了，一定要再見一次諷刺我貧窮的人；如果找到更好的工作，就一定回到曾經受盡老闆刁難的小餐館……可是這些事啊，在我瘦下了換工作了口袋裡多了幾個硬幣後，一直到最後都沒有發生過。我恍然大悟，這份來自社會的殘酷，從來都不是別人的錯，一個沒有錢沒有地位沒有學識的女孩子，還能指望一個陌生人擁抱你摸摸你的頭再給你不離不棄的幫助？相信我，這世界從不會有強者對弱者無條件的資助，連愛情都未必能慷慨如此。

如今很少再去回想曾經受過的委屈，也談不上過去的傷害是要感謝還是記恨，我已經慢慢理解，「沒有時間浪費在沒價值的人身上」，這只是人生的常態。這些激勵我最終進步的傷害，何嘗不是人生的另一種轉機？我在這些「瞧不起」的眼神中，學會用一種沉默的姿態悶聲努力著，我沒辦法拒絕這種負面能量的發生，但我終有一天可以讓更美好的自己站在你面前，靜靜地告訴你：「我不是你想像中的，那麼不堪一擊的人。」

幾個月前路過那家咖啡館，那裡依舊繁忙，我卻沒有停留。右手的傷疤還淺淺地留在小指上，那些苛責的話也沒有忘懷，而我遠遠地看著那個忙前忙後的老闆娘，在心底為她給我上的那堂課，深深地鞠了一個躬。

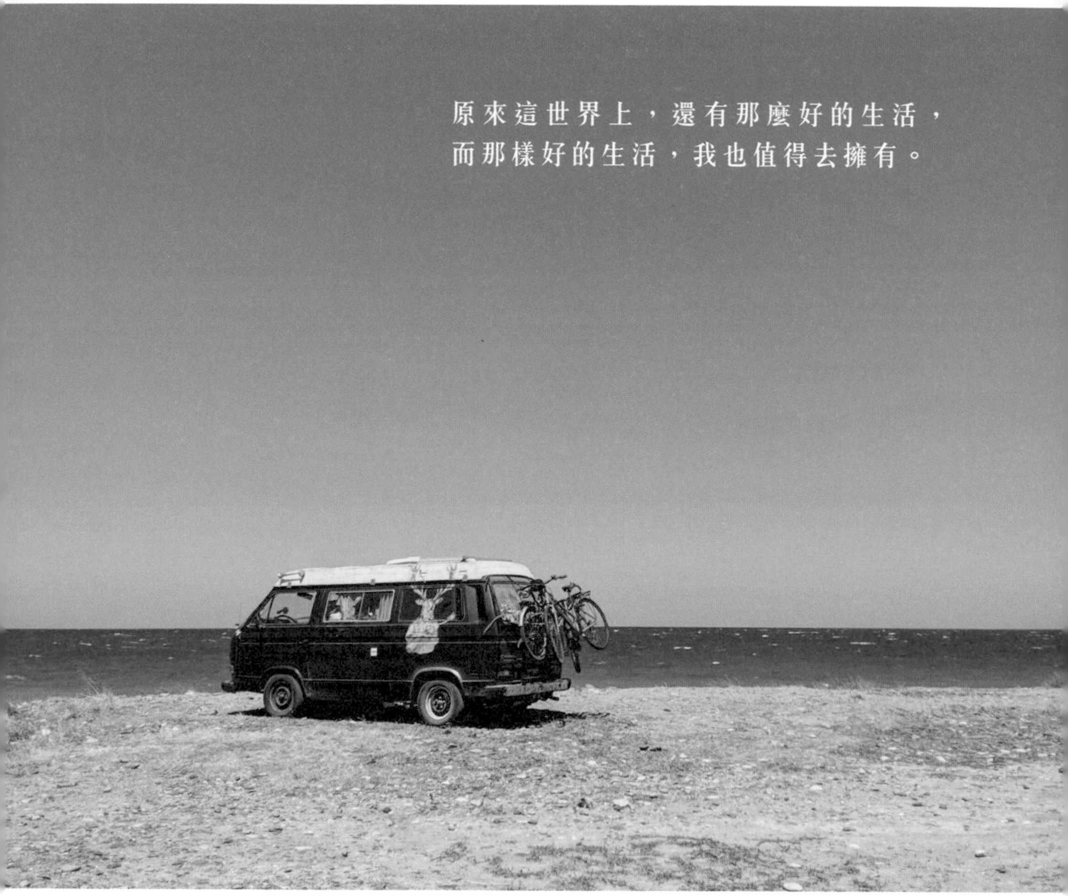
原來這世界上，還有那麼好的生活，
而那樣好的生活，我也值得去擁有。

#女孩，美麗也是一種能力

每個女孩都有機會變成一個美麗的人，
但並不是每一個人都願意去努力。

在我所訂閱的微信公眾號裡，有一個小眾的平台，女孩幾乎每天給一個苦惱的網友回信，堅持有一年之久。她年輕貌美，從不掩飾立志做網紅的決心，常常在文章的末尾貼上自己的照片，照片中的她長髮飄飄，唇紅齒白，電眼脈脈，那是一種陳意涵式的令人舒服的魅力。幾天前她分享了一篇文章，曬出了自己從小到大的照片。她在文章中詳細地講解，自己如何在十年的時間裡，變成了一個貌美的人，她矯正了牙齒，摘掉了眼鏡，從一個土丫頭變成時尚達人，又以跑步的方式瘦出了馬甲線。

我順著一張張照片逐個看過去，嘴巴越張越大，我實在很難把文章開頭那個黑胖的丫頭，和文末這個美麗的女孩連結在一起。原來美麗也是可以努力的。

我的朋友楠是個美麗的女生，她的眼睛動人，鼻樑高挺，皮膚細緻，你若看見現在窈窕的她走在街上，絕對想像不出她曾經有過怎樣的黑暗史。

楠與肥胖對抗有十幾年之久，國中時體重曾經一度達到八十公斤，整個人都是膨脹似的。十幾歲的孩子是最惡毒的生物，他們的嘲笑在她的生命裡埋下了自卑的隱患，於是她一直是個敏感而害羞的女生，被肥胖遮住了別處的光芒，時常還未來得及張開口表達，就在別人上下打量的眼神中看到了不該有的定論。

而在喜歡的男生面前，楠更是做足了幾年沉默的角色。在一次鼓起勇氣的表白之後，她告訴我，那個男生對她說：「你要是瘦到多少公斤，我就和你在一起。」那時的她像極了一隻孤獨的影子，肥胖讓她深處黑暗。

楠的改變是在大學時開始的，我們身處於不同的城市，但總是能從網路上得到她的消息。

我從那些照片和隻言片語裡看到她的變化：她一點點瘦下去，穿進了小尺碼的衣服裡；她學會了化淡妝，一雙眼睛更是含情的模樣；她穿上了適合自己的碎花裙子，露出了纖細筆直的腿；她挺起頭走路，也開始收穫愛情。

楠成為了那個在同學聚會上令人費力認出又尖叫連連的女孩子。減肥不僅治癒了楠的自卑，還給她轉運的能力，她的愛情和事業持續好下去，給十幾年圍繞在身邊的嘲諷來了一場漂亮的反擊。我一路見證著她的生活，深知她不是那種輕輕鬆鬆即可維持身材的女生，如今經常看她在社群動態曬出下班後在健身房揮汗如雨的照片，更是為這份遲來的美麗感慨萬分。

誰能想到，那個曾經體重八十公斤的少女，如今減掉接近一半的體重，肚皮上竟然出現了輕微的馬甲線。而我也看到，美麗不僅是一種天賦，或許更是一種能力。

我的堂姑今年四十歲，二十七歲的我已經開始生白髮，然而她的臉上幾乎沒有一條褶皺。她和我挽著胳膊，沒有人能看穿我們並非一對姐妹。

她的頭髮烏黑油亮，面頰紅潤，精神飽滿，身材纖細窈窕，體重依舊是結婚那一年的四十六公斤。她經常去年輕人的小店買衣服，以一身二十歲的裝扮出門，卻絲毫沒有違和感。親戚朋友對此保持常年的好奇，「你怎麼保養的？」

堂姑從不吝嗇和別人分享自己的保養經驗，「美都是堅持出來的。」她的保養方法非常簡單，且成本極低，任何一個女孩只要堅持就能收穫效果。堂姑注重飲食平衡，不碰油膩食物，拒絕零食以及碳酸飲料，唯一鍾愛的飲品是自製的檸檬蜂蜜水。她每天早上起來喝一碗自己熬製的銀耳粥，中午吃八分飽，晚上只吃水煮蔬菜水果，一旦哪一天晚上和朋友外出聚會貪食，第二天絕對以蔬菜水果清腸，不讓體重計上的指針偏右分毫。

堂姑的生活作息也十分規律，晚上九點就睡覺，早上六點鐘起床，因此總是精神飽滿，沒有熬夜女人常見的疲憊和黑眼圈。

她也不放過任何一個可以讓自己美起來的碎片時間，做家務的時候就在臉上貼著黃瓜片，看電視在胳膊下夾著書以保持挺拔的姿態，睡前仔細護膚，連雙手雙腳也不怠慢。

堂姑的保養之道讓人大呼簡單，然而每個人都興致勃勃地嘗試，幾日便棄之一邊，繼續熬夜，胡吃海塞，放任自流，然後再用昂貴的化妝品來補救。堂姑說，「這樣的習慣，我從二十三歲堅持到了四十歲。」

不禁想起蘇格拉底有關「堅持」的實驗，他在一次課堂裡規定每個學生每天甩手三百下，一個月後，九〇%的同學堅持下來，又過了一個月，八〇%的同學堅持下來，一年後，蘇格拉底再一次問大家：「請告訴我最簡單的甩手運動誰還在堅持？」

這時整個教室裡，只有一個人舉起了手。這個人就是柏拉圖。

我是在十八歲之後，才聽見有人說我好看。

十八歲之前，每次家庭聚會，我和堂妹坐在一起，總是會無比羨慕地聽見長輩誇獎她，「呀，這孩子真好看。」然後眼光再轉到我身上，就變成一個無力的笑。偶爾有人說「也很秀氣嘛。」我盯著他們的臉，清楚看到這幾個字從牙齒和嘴唇的縫隙間掙扎出來，並不是真心實意。

由於缺乏這種天生的幸運，我的內心一直很敏感，可以一下子察覺到美貌的作用。我羨慕那些美麗的女孩子，可以輕易贏得老師的喜歡，可以有成群的朋友，可以有帥氣的男孩子整日圍在身邊。我的這份自卑，結束於青春期末尾的時候，我看到身邊一些曾經被認為極其普通的女孩子，脫下校服，戴上美瞳，化好淡妝，穿上碎花的裙子，轉身變成了大學校園裡萬人追捧的女神。

這是我人生中第一次知道一個人也可以對自己的容貌進行改造。原來，皮膚是可以變白的，眼睛是可以變大的，身體是可以變瘦的，氣質是可以變好的。我也試著朝著美麗的方向努力，每天跑步至少五公里來保持體重，用蜂蜜檸檬水代替碳酸飲料，在滿眼美食的聚會上堅決地控制飲食，每週至少閱讀兩本書……

無一事不辛苦，但無一事不值得。近幾年遇見很多美麗並且保持美麗的女孩，更發現在這背後所隱藏的定律：

我見過每天堅持跑步的女生，見過每週練兩次瑜伽的女生，見過每年讀二百本書的女生，見過每天煲養顏湯的女生……這些女孩窈窕美麗，自信樂觀，也在生活裡或多或少地有著執著的堅持。她們性格大多自律，堅決，懷有對美好生活的深刻信念，長久堅持著一種或幾種積極的信仰，也長久維持著自己的內與外的美麗。我發現，原來每個女孩都有機會變成一個美麗的人，但並不是每一個人都願意去努力。

我也終於明白，如果說天生的美麗是一種難得的天賦，那麼後天的美麗就是一種更難得的能力。很久前看見美麗的女孩們平步青雲，會心生這樣的念想，「因為她長得美。」而現在每當我看見如此的女孩，心裡只剩下這樣的感慨，「不，因為她對美麗付出的努力，值得讓她獲得如此的成就。」

做個體面的前女友

努力不下去的時候，就看看前男友和現任女友的美好生活。

我和他分開的最初，自以為做了一件非常正確的事。

我把他在微信裡的名字改為「Z」，永久地沉在我看不到的地方，又遮蔽掉他社群動態的一切，拒絕看到他那自此沒有我的半點生活，我把腦袋中有關他的記憶打了個包狠命扔出去，然後用剩下的力氣，或嚎啕大哭，或暴飲暴食，或尋死覓活，就這樣糟蹋了自己的一天又一天。

這樣反覆折磨了幾個月，我在一個失眠的晚上，突然決心打開前男友的社群動態。

一個女人在凌晨兩點和早晨八點半時的勇氣是有很大差別的，我勇士一般翻遍這幾個月我錯過的前男友的生活，卻發現，那裡面竟然看不到他任何傷了心的痕跡。

他依然過得很好，甚至比以前更好了，曬著剛看過的超級大片，品著西餐廳的紅酒和牛排，拍著泰國的海島和背包客，甚至很無恥地秀出了成型的腹肌。自拍照裡他的一雙眼睛快活明亮，我搜尋著，從裡面找不到自己的身影，卻看到了生活的熱浪。

我嘆著氣，關了手機，那裡面無一張照片不如針扎般刺痛我。

而那時的我是什麼狀態呢？

我自暴自棄胖到七十五公斤，整日以淚洗面哭到皮膚失水，一張素顏頂著兩隻無神的金魚眼，過著每天騷擾朋友或獨自憂鬱的日子，我拒絕出門，吃喝都在床上解決，找不到愛自己的理由也對生活沒有半點期待。

如果你那時碰巧在哪裡見到這樣的我，一定會感慨「那麼年輕的女生為什麼要活出這樣一副生無可戀的樣子？」而你也會看到我的腦門上，刻著幾個明晃晃的字「這是一個超級失敗的前女友」。

有趣的是，那時我覺得自己是天底下唯一瞭解這種痛苦的人，孤獨難過，無處訴苦，以為人生再難重新開始，就這樣一敗塗地。

後來發現，我身邊幾乎每一個女生都經歷過同樣的傷害。我們在失戀的最初自暴自棄，痛不欲生，慢慢學會堅強，自癒傷口，最後獨身生活或另愛他人，就這樣忘記來自過去的一段緣。

我也同樣發現，即便我們這些女生最終完全走出那場痛徹心扉的失戀，早就放手，恨也消去了，上天依舊會遺留下一個來自上一段戀情的產物——前男友，這些奇妙的生物不再和我們發生直接的聯繫，卻從此以另一種方式存在於我們的生活裡。他們說過的話，做過的事，正發著的社群動態等等，有關他們的一切，在我們的腦袋中時不時地跑出來，提醒我們不要去做一個失敗的前女友。

而不管你是否承認，我敢打包票，你的內心，從此會生出一個部分，永久地屬於前男友，無論我們選擇和前男友保持聯絡或老死不相往來，這個奇妙的生物都會在自此以後的人生中，讓我們在一些艱難的時刻重拾希望，內心篤定地對自己說「不能活得太差哦！」而你知道，這句話，隱隱約約就說給心中留給前男友的那部分。

美國知名編劇作家諾拉·艾芙隆六十幾歲的時候還在說，「有一兩個前男友，我一直擔心會與他們不期而遇，可事實上就算遇到，我也根本認不出他們，而且他們住在其他城市。但我每次打算畫眼線就出門的時候，總是會鬼使神差地想到他們。」

我們越愛越勇的女孩們也總結出一個至真的道理：努力不下去的時候，就看看前男友和現任女友的美好生活。

那次戀情在我的感情史上堪稱為最劇烈的一次，我經過了很久的掙扎才學會了徹底放手，和「放手」隨之而來的還有「得到」：我重新開放了前男友的社群動態，接受了他熱鬧的生活，上進的人生，還有後來那美貌的現任女友，我也學會用一種方式去拯救自己的人生，以一個勝利者的姿態，去做一個體面的前女友。

一個女人若是墮落成性，對生命的改造就變得異常艱難，然而一個女人若是有一個從不停止進步的前男友，那麼這場有關生命的改造再艱難都有了堅持的理由。

我開始減肥，大基數體重運動起來真的難以堅持，才跑步幾天就洩了氣，自我安慰著「少跑一天也無妨呀」，然而在走下跑步機的前一秒，前男友的腹肌就自動呈現在我眼前，又生生把我逼回跑步的狀態裡。

我開始努力工作，正經拚命了好一陣子，可最初的動力漸漸就模糊了，我也有了告訴自己「別太拚命」的懈怠，然而幾乎在同時，我彷若瞬間看見了前男友飛往世界各地的機票，還有那些留在鏡頭前的美好瞬間，我又打起精神重新一頭栽進工作裡。

我開始讀書寫作，充實自己，期盼也能成為一個知書達理、氣質優雅的人，於是在那些打著「沒時間」的藉口不讀書不寫作的日子裡，我如同聽見心底一個聲音義正辭嚴地批判我，讓我看到前男友工作繁忙也從未放棄進修的畫面，令我心虛又愧疚地坐回書桌前。

……

我從未想過，前男友這種奇妙的生物竟然帶著正面的能量出現在我的生活裡，幾年過去，我們未曾見過一面，連聊天也寥寥數語，但他就這樣讓我從那個七十五公斤，長相粗糙，生無可戀的糟糕女生變成了一個體面的前女友：我努力工作，追求夢想，保持健康的體重，不斷提升著自我。有朋友問我「只不過出門買個飯你還化什麼妝啊？」我無法回答，儘管我知道前男友和我相隔著半個地球的距離，可誰能預料得到呢？他也許就隱藏在我身後不遠處的旅行團，盯著我邋遢的模樣不敢認。

不要小瞧一個早已不聯絡的前男友會帶來的延續性傷害，以一副有失體面的模樣去遇見他，帶來的傷害並不會比當初失戀時的少。

一個女性朋友就曾萬念俱灰地和我說：「天哪，你知道嗎？在我一臉素顏，一手拎著菜籃，一手抱著小孩，滿臉大汗，狼狽不堪的時候，居然遇到了前男友！」

另一位脾氣火爆到幾乎不會被任何事傷害的女生，也帶著哭腔說：「為什麼我都胖成這樣了，前男友還是一眼在人群中認出了我？」

我不敢想像這樣的場面，若干年後，如果我和前男友有幸再次見面，他穿著一身得體的西裝，事業有成，風流倜儻，而我卻一臉蒼老苦情，舉止粗俗，身材變形，一堵牆般地站在他面前，聽他問那句早知道答案的「你過得好嗎」。

我更希望的是，若干年後，我們有幸再次見面，他穿著一身得體的西裝，事業有成，風流倜儻，而我也能舉止得體，氣質優雅，有所成就。我們輕輕地問候，無須說太多的從前，就知道彼此當年那句「祝你幸福」，兩個人都認認真真地實現了。

而那時，誰又能否認，如此多年「做個體面的前女友」的堅持，難道不也是對自己的一種成全？

不花錢的愛情

一段愛情，或許重要的是感受，而不僅僅是享受。

我讀書時遇見的幾個西方朋友，他們談戀愛的方式讓我非常吃驚。每個週一重返學校時，大家都會互相詢問週末的活動。如果有人問起他們：「你和男朋友（或女朋友）週末去哪兒甜蜜啦？」他們通常會告訴你：「我們一起去爬山啦！」「我們在海邊野營啦！」「我們在沙灘上曬了一整天的太陽！」

那一年我十九歲的小表妹和男友出門，都要吃上一頓二百多人民幣的海底撈，才覺得幸福快樂，而我眼前這些金髮碧眼的年輕人，他們談戀愛，似乎不花一毛錢，實在摳門得很。

愛情，怎麼能是不花錢的呢？

我來和你講講我戀愛時的狀態吧。那一年我二十幾歲，有一個長相清秀的男朋友，走在校園裡就像所有普通的小情侶。很奇怪，那一年我們都是窮學生，每個月接受著來自家裡的生活費，可是一起出門時，卻出手闊綽，一定要「吃頓好的」，「看場最新的3D電影」或者「去主題樂園」……不然就覺得今天過得沒滋沒味，沒有什麼內容。

就算是平平常常的約會，也沒有誰提議「我們一起去踏青吧」，「去海邊曬曬太陽吧」，「能不能去那個博物館瞧一瞧？」這些不花錢的活動，實在不能成為談戀愛的好項目。那時我們的快樂，是咖啡館二十五元人民幣一杯的卡布基諾，不眨眼消費掉二百塊人民幣的必勝客，商場裡花掉半個月生活費的血拚，還有那些讓人積蓄破產的說走就走的旅行……我度過很多自以為快樂的時光，我去過西餐廳吃昂貴的小甜點，也在各個地方的美景裡流連，拍過很多照片，貼在那個還沒有收掉的校園網路論壇，收穫一片真真假假的羨慕聲。二十幾歲，處於人生中最美好的年華，有一個人陪伴你去享受生活的每一處美好，這大概就是我曾經認為的愛情的意義。

在我的潛意識裡，我對不花錢的愛情一直心存質疑，只靠一封封書信就能把戀愛談得壯烈美好，那樣的愛情，大概只存在於父母那個物質匱乏的年代裡。在生活成本飛速上漲的今天，大家自身的消費能力都有所提高，談戀愛成為滿足物質需求很重要的方式，也漸漸成為顯示自身經濟實力的一種間接方式。在我的朋友圈裡，朋友們有事沒事都願意曬曬和男女朋友的小資生活，幾百塊人民幣一枝的永生花，兩個人一同去首爾的機票，一部最新的蘋果手機，Tiffany 的情侶鑽戒……能夠和戀人一同去經歷繁華，再把經歷著的昂貴愛情用某種方式傳達，這就是很多年輕人所享受的談戀愛的樂趣。

就連我那個在相親這件事上身經百戰的朋友也時常對我說：「你信不信，越貴重的愛情，就越快樂。」我記得有一次和她一起吃飯，她盯著鄰桌情侶餐桌上「小氣」的花費，一邊翻白眼一邊和我傳授經驗，「知道如何在第一次約會就鑑別出男人的好壞嗎？首先，見面要選高檔雅致的餐廳，其次點餐時要挑貴的點，不能眨眼，最後兩個人吃飯要點四個人的分量，盡量把桌子鋪滿……」她想了想，又補上一句，「對了，吃不完也千萬不能打包，男人就要大方一點，兩個人在一起不就是圖個開心嘛！」

這樣的道理，說來庸俗，可是我敢保證我們當中超過半數的女生，大概都默默地相信著。現實中的種種跡象表明，兩個人的消費程度似乎和一段愛情的快樂指數有很大關係。談戀愛反正不就該是兩個人在一起吃吃喝喝玩玩樂樂嘛？

於是我的朋友遇見一大波又一大波的金項鍊和銀手錶，他們一同去旋轉餐廳，手牽手看昂貴的歌劇，甚至還去日本泡了個溫泉，在約會中不斷創新著消費新紀錄。朋友也總是憧憬著眼前的這段感情就是走進婚姻的前奏，可是那些好端端的愛情，竟然一個接著一個都結束了。她不解，甚至覺得有點委屈，兩個人談戀愛的時候多快樂啊，自己熱愛享受，卻並不是個坐享其成的女孩，在對方認認真真送上那部新手機的時候，自己也把一件昂貴的 Polo 衫當作回禮，這愛情明明昂貴，明明快樂，卻為什麼如此短命呢？

我曾經靜下心來對過去一場完結的戀愛算帳，連自己都嚇了一跳，一場戀愛除了在精神上消耗了自己，竟然也在經濟上有了巨大的損失，可是當我認真地問自己，這樣昂貴的愛情，應該是快樂的吧？我發現，自己竟然記不得什麼特別讓人快樂的情節，那些吃昂貴晚餐，看最新電影，玩遍整個遊樂園的時刻，除了讓我的腰圍飆升，兩個人破產加速，打發了一些無聊的日子，實在沒有為生活填上什麼喜悅的見識，以至於一段時間內的自己，都在暗暗嘆氣，「時間，居然都白花花地流走了。」

後來我出國闖蕩，結識很多朋友，其中有很多來自別的國家的情侶，一起聊天的時候，徹底就顛覆了我的愛情觀。置身於完全不同的文化中，我非常吃驚地發現在二十幾歲的年輕人之間，不花錢的愛情，不僅存在著，還存在得非常有意義。

在我住過的背包客棧中，一個帥氣的巴西男孩和相戀三年的女友環遊世界，和我們講起旅行的故事，就像是一部真正的探險，卻沒有任何巨大而無謂的開銷。他們的戀愛，是凌晨出發，邂逅日出和朝露，尋一條人跡罕至的路，在通往海岸的路上走出無人知曉的步伐，也是拿著兩根魚竿，坐在海邊大半天垂釣，把兩塊半的炸薯條做晚餐，一邊看日落一邊把吃不完的薯條扔給落在腳邊的海鷗們。他們一起騎車二十幾公里，在叢林裡探險把牛仔褲刮出破洞，窮遊不同的城市，夜晚就睡在車子裡，天氣晴朗的時候捲條毯子去沙灘曬太陽，也在路上一起為漏氣的輪胎犯愁。他們今年二十幾歲，旅行途中遇到過各式各樣的苦惱和難題，最艱難的時候要白麵包夾著乳酪允饑，兩個人卻一直保持快樂，男生承擔起一個男人的責任，女孩子也沒有嬌氣的公主病，兩個貧窮的年輕人談戀愛，居然把人生都變得深刻富有。我作為一個旁觀者，見慣了因為一點小問題就撕破臉的情侶，不僅深深地震驚，也開始悟出一些什麼別的道理。當初有人和我過一過這樣的日子，是不是那時的愛情，也會是另一番模樣。

石康寫過一篇文章，叫〈不奮鬥的姑娘我不愛〉，描寫一些只愛好享受而從不付出的女孩們，「我們曾一起駕車去過小半個中國，她不會開車，只是坐在一邊享受音樂和美景。住旅館時，她只想住豪華的，吃飯時只吃菜不吃飯，且不知節省，她有的只是在享受之後抱住我，對我說她愛我。」這樣的現象，不管是女孩和男孩，都在如今的生活裡變成一種常態。有時候昂貴的愛情，能夠給予人一小段時間的快樂，卻並不能維持長久，大概就是因為，當我們在一段感情中只選擇經歷好的部分，而跳過那些齜牙咧嘴的情節時，眼前這個你自以為深愛著的人，其實並不是陪伴，而只是在某一個時間段只能同甘卻沒機會共苦的玩伴而已。石康有一句話說得特別好，「愛情在我眼裡是手段而不是目標，我提倡的情感生活是，一起努力，共同分享，最終使每個人都成為更好的自己。」一段愛情，或許重要的是感受，而不僅僅是享受。當愛情開始變成去遊樂場去電影院去海洋世界去很遙遠的地方旅行，把這些經歷拍成照片編輯得美美的發在網路上，再從朋友的留言中沾沾自喜，愛情就變成了一件有意思無意義的事。有時候愛情，不僅是要經歷光鮮的一面，也要去經歷平平常常的另一面，用生活中最樸實的東西去談情說愛，愛情才會幸福綿長。

我現在的住處，住著一位白人丈夫和韓國妻子，兩個人一起攜手七年，收穫兩個健康活潑的孩子和一場幸福的婚姻。韓國太太和我聊天時，很坦白地說道：「我們過去的這些年，一直在為錢做掙扎。」可是我卻看見，這個「沒什麼錢」的家裡，每一處都有兩個人一同創造的溫馨。他們一同製作書架，在路邊摘幾株多肉，盛裝在兩元店買來的玻璃杯子裡，韓國太太自己動手做窗簾，白人丈夫在牆上掛上自己繪製的畫，兩個人沒有享受花花世界的富裕，就手牽手去海邊拾貝殼，爬上山頂野餐，在家裡把花草伺弄得生機勃勃……這個距離上班有十幾公里，每日下班路上讓我無休止塞車的住處，我從沒有過想要搬走的念頭，就是因為在那些我拖著疲憊的身子回到家的時刻，推開門就能看到一整面牆的照片裡，夫妻倆無比燦爛的笑臉。那裡面有一種美好的東西，讓我在那些難熬的夜晚心生溫暖，那種溫暖的氣息，大概就是幸福的味道。

這樣的愛情，真好，不花錢，卻誰都買不走。

我至今都相信，
每個人的人生中都要有一次獨自旅行的經歷，
無論遠近，無論期限。

他，海尼根，白血病

每一個活下來的人都有痛徹心扉的故事。

1

昨晚和很久未見的朋友煲電話粥。

她曾經是我的老闆，我在她的酒吧工作，去年四月我搬離奧克蘭，和幾乎所有人都切斷了聯繫，和她也一年零三個月未再參與彼此的生活。

昨晚她在酒吧裡上班，二兩酒讓她撥通了我的號碼，我那一刻在二百多公里外的城市跑完步，也莫名思念起她。

兩個女人在電話裡對接上，感嘆，驚呼，欣喜若狂，把生了灰的記憶統統抖落出來，再恨不得讓對方知道自己一年零三個月生活中的每一個細節。

正聊得歡暢，她突然想起什麼似的問起我：「還記得勞倫斯嗎？」

我說：「記得呀。」

期待著有關他的什麼好消息。

她說：「他得白血病了，末期，活不過幾個月了。」

一瞬間眼前失去光，天也塌下來。

2

掛掉電話，我一個晚上沒有睡，滿腦子都是勞倫斯。

我曾恨死了那份吧台後面的工作，發誓再也不想和它發生半點關聯，朋友是我唯一的牽掛。

可如果說那間酒吧裡除了她，還有什麼我捨不下的，那就是勞倫斯吧，我默默想。

我是一個大口喝酒的女生，可最恨醉醺醺的男人。那幾年我站在吧台後面，聽人招呼為人倒酒，冷眼看坐進酒吧的男人們，從七尺男兒醉成一灘爛泥。

他們大多感情或事業受了挫，幾兩酒就迫不及待地把傷疤拿給我看，絮絮叨叨，反反覆覆，口齒不清，把口水和酒氣撲在我的鼻尖，紅著臉急著宣洩，卻絲毫不看我皺緊眉頭，眼神冷漠，恨死了那樣子。

可勞倫斯不一樣，第一次見他就覺得他不一樣。

他獨自坐在吧台的最末端，只喝海尼根，一瓶接著又一瓶，連一點喘息的縫隙都不留給自己。我穿過一堆爛泥看著他，從未見過這樣的男人，喝酒最多，話卻很少。

他大概不到四十歲，臉龐不帥，胸膛寬厚，那一雙蔚藍的眼睛，也不聲不響地望向我，那裡面好似有很多苦，像在等待一個機會，要把最隱祕的都說給我。

那之後他經常在酒吧開門時就坐進來，拿七八瓶的海尼根當早餐，也開始把隱藏在心底的苦悶一點點說給我聽。他大概拿捏好這是不會有別人進來喝酒的幾個鐘頭，就讓它成為我們共處的時間。

人與人之間一定有心靈感應，他對我完全放心，絲毫不隱晦自己的祕密，而我也願意傾聽，希望看到那雙眼睛快樂起來的樣子。

他對我說，他有過一次錯誤的婚姻，讓自己之後的日子都在和前妻為了兒子的撫養權打官司。他一次次飛向前妻所在的澳洲，幾乎每一分錢都貢獻給航班和律師。

他對我說，自己後來也遇見過一場愛情，愛上過一個女人，那時已經買好所有的家具，可是那女人卻不願意和他組成家庭，一堆家具就在倉庫裡，落了幾年的灰。

他對我說，自己三十八歲之前的生活都是雜亂無章的，現在決心開始重建人生，希望未來的路可以好走一點點。

他說的時候，我看到，這個三十幾歲的男人，眼神裡都是八十歲時的蒼老。他活得並不快樂呀，他的生命在那時就已經殘缺了。

我看著他用幾分鐘就喝到瓶底的海尼根，一抬頭遇上他的眼睛，感慨著，一個男人要有多不快樂，才能讓那雙眼睛無論如何也喝不醉。

我後來見證過他喝酒後唯一的一次失態，他從早上十點鐘就坐進酒吧來，和我說起自己對兒子的想念，然後解開了襯衫鈕扣，給我看胸口。那裡有一個巨大的刺青，刻著他兒子的臉龐。他的眼睛裡泛起淚，一個個鈕扣扣回去。

那之後，他對我說，自己愛上一個絕好的女人，她就在面前，可是不愛他。

我的心慌了一下，我的嘴巴不出聲。

3

他註冊了微信，我是他唯一的好友。他開始約我出去，我總是拒絕，和一個太過傷心的男人相處是有害的，可在他沒有出現在酒吧裡的日子，我又掛念著他，掛念著那雙藍眼睛，在沒有我的地方，和誰訴著苦。

我們終於有了一次根本算不上約會的約會。在一家別處的酒吧裡，用四十分鐘打一場撞球，技術都很爛，一個球也打不進。我急著走，說朋友還在別處等著我。

他好像是失望了一般：「真羨慕你。」

我從他眼睛裡看到一點落寞，那分明寫著「真需要你。」

我有點感動有點難過也有點愧疚，但我就是不能給他一個家。

後來很久未見他，從別人那裡知道，他終於拿回兒子的撫養權，有了兒子在身邊，大概就不再需要愛情，他不常來酒吧了，酒櫃裡的海尼根常常賣不出去一瓶。我漸漸也不再期待一輛車在十點鐘剛好停在酒吧的門前。

可是一天下午他出現在吧台前，旁邊站著一個十二歲的男孩子，同樣有著一雙蔚藍的眼睛，那裡面的內容卻快活許多。我正在忙碌，遞給他一瓶海尼根和可樂，看他和男孩子坐在吧台的末端。

那天我快要下班的時候，那個十二歲的孩子突然走到我旁邊，他做了一番自我介紹，然後對我說：「你知道我爸爸喜歡你吧。」

我看了看他那雙藍眼睛：「可是我不想和他在一起呀。」

那孩子顯得有點沮喪：「為什麼不呢？」

那是我最後一次遇見勞倫斯，他坐在吧台的末端，我們第一次認識彼此的地方。他的眼睛看著我，蔚藍，深邃，裡面依舊有一汪苦海。

後來關於勞倫斯，都成了聽說。

聽說，他再一次失去了兒子的撫養權，那一日拳頭砸在車上，出了好多血。

聽說，那個女人曾回來找過他，他依舊把家具放在倉庫裡。

聽說，他也搬來了我的城市。

4

去年八月，我的電子信箱裡跳進一封郵件，是好久不見的勞倫斯。

他說：「你好呀，艾米，你一定很喜歡這座城市吧，我真的非常享受住在這裡，有時間就出來喝杯咖啡吧，好嗎？」

我手裡忙著很多事，在想見與不想見他之間掙扎，只能回覆他：「最近好忙，再等我兩週吧。」

他說：「很高興收到你的回覆，那我兩三週之後再給你發郵件，看看到時候你是否有時間見面。保重啊！」

可是，兩週過去，三週過去，一個月過去，半年過去，他並沒有聯絡我。

我忙完了手頭的事辭了職。我等著那杯咖啡。

我住進露營車裡，去了很多週邊的美景。我等著那杯咖啡。

我做起生意來，在政府各部門之間奔走。我等著那杯咖啡。

我看見窗外的葉子從枯黃變成嫩綠再變成枯黃。我等著那杯咖啡。

……

我一直在等著那杯咖啡。

5

勞倫斯那封最後的郵件發出於八月二十四日，如果按時間推測，那大概是他健康的最後日子。

他用那段日子做了什麼呢？他是否遇到了一個肯聽他訴說苦悶的女人？她又是否給他療好了傷？他放在倉庫裡的家具搬出來了沒有？他有沒有開始那段憧憬許久的生活？

而我為什麼偏偏要讓他等兩週？

我為什麼沒有在那個時刻，把手中正忙著的毫無意義的事情推開，跳進車子裡，去見那個健康又快樂的他？

我為什麼要死守著不必要的矜持，明明在電腦前一遍遍更新著郵件，卻等待他再一次發來去喝咖啡的邀請？

我一度在和朋友的電話裡失控，不斷地問，為什麼，為什麼啊。

她安慰我：「生老病死是人之常情，沒辦法控制。有些人走得早一點，有些人走得晚一點，最終我們都要走。希望他能少受些病痛折磨。」

我恨上天太殘酷，為什麼不再等等，等著勞倫斯找到一個女人，等到他眼睛裡那片痛苦的汪洋消散，再沒有那種憂慮而悽楚的光，等到他有一個家，體會到幸福的知覺，而不是就這樣一個人孤零零地走。

6

我終究沒有去看勞倫斯。

我從別人那裡聽說，他已經在父母家，那是個遙遠而美麗的城市，他坐輪椅嗎？頭髮掉光了嗎？不是還有骨髓移植的治療方法嗎，會不會在他身上發生奇蹟？

我手裡抓握著那個地址，指尖在地圖上畫著圈，不忍去找他。

我怕看到，那城市正在顯露出春天的痕跡，而一個生了病的勞倫斯，正走向生命的冬天。

八月十八日的晚上，我正在街上漫步，海濱城市的夜晚剛出現斑斕，我心裡卻忽然一緊，那是從沒有過的慌張，彷若全部血管被堵住半截，胸腔失去喘息的能力。

我掏出手機，看見電子信箱裡的一封新郵件。

那是勞倫斯的朋友，他和我說：「很抱歉告訴你，勞倫斯昨晚去世了，骨髓配對沒有成功。願他安息。」

7

那一夜我無眠，睜眼閉眼全是勞倫斯，凌晨五點時進入了半夢半醒的狀態。

我夢見他來酒吧，瘦得只剩下一把筋，和我說要一瓶海尼根。我轉身去櫃子裡找，卻發現賣光了，抱歉地對他說，「喝點別的吧。」他說，「不。」

我瞬間從夢裡醒來，哭濕了枕頭。

第二天早晨，我出現在家門口酒舖的門前，櫃檯後的大叔驚詫地盯住我哭腫的黃臉蛋，他不問，看我抱著一箱海尼根走出去，這移民的國家哪裡都有悲傷，每一個活下來的人都有痛徹心扉的故事。

我坐在一條隱祕路的台階上，守著這一箱海尼根，一瓶一瓶喝下去。

這酒突然變成苦的，澀的，有毒的，讓人想哭，止不住。

轉眼又到了八月啊，眼前的樹，從暗黃色變成綠色再成為暗黃色，殘破的葉子落下來。

一片葉子落在我頭頂，不知道這是不是誰在問候我。

我把它放在手心，低下頭，眼淚吧嗒吧嗒地落在缺了一角的暗黃上。

「勞倫斯，我給你買了海尼根，可你還欠我一杯咖啡呢。」

二〇一六年八月十七日，我的心裡，從此住下了一只空蕩蕩的咖啡杯。

自律的人生才自由

自律帶來的自由，恰恰就是掌控自己生活的能力。

1

朋友辭去工作三個月後，我敲響她家的門。

一聲，兩聲，三聲，本期待著一個快活的靈魂，卻看見從門縫裡探出這樣一個人，蓬頭垢面，衣著邋遢，兩眼求救般的看著我，「我想去上班……」

遙想三個月前她鐵心鐵意地對我說：「我決定辭職，朝九晚五的工作逼得我發瘋，任何自己想做的事情都找不到時間，是時候我也該享用點自由。」

朋友辭職前是公司櫃檯，每天須七點起床，精心打扮，亦要在工作中的任何時刻擺出微笑的表情，這一切在她看起來皆是束縛。辭職後的她終於脫離諸多限制，頗有興致地列出一張清單，寫滿自己一直想做卻沒時間做的事，比如讀書，健身，學韓語……

她充滿期待地告訴我：「能看見自己坐在房間溫暖的一角，喝著咖啡讀著書，陽光曬在肩膀上，那種美好的景象，我腦袋中一直都有。」

可是三個月後的我走進她的房間，卻看到這一派景象：髒衣服堆滿了牆角，被子團在床中央，茶几上擺滿未洗的咖啡杯，吃空的餅乾盒和咬了一半的巧克力散在地毯上……我需要探著腳尖走路，才不會踏到地上的雜誌或踢倒酒瓶，整個房間猶如強盜洗劫後的場面。

無須多問就知道這幾個月的日子她怎樣過，也自然可想像那些辭職最初的美好計畫是否落了空。她一身睡衣睡褲地看著我，言語絕望，「我已經胖了五公斤。」

我忽然想起那句值得深思的話——「自律者方得自由」。

2

剛出國的時候，我租住在一戶人家裡，男主人每日出門上班，孩子們就讀附近小學，女主人做家庭主婦，負責打理生活。

在我狹隘的觀念裡，「家庭主婦」這種職業即代表一種自由，在「煮飯」與「做家務」之餘，可以用一種類似於散漫的態度去生活，比如可以一整天素顏，穿睡衣，不用在家中注意舉手投足，也無須有任何條條框框的壓力，就如我小時候看到的母親、阿姨、鄰居大嬸們一樣，不施粉黛，舉止粗俗，苦大仇深。

可我從未遇見過女主人這般如此自律的家庭主婦，她每天早早起床，為丈夫和孩子準備早餐，送別家人後換上運動衣，在附近的街區跑上一個鐘頭。回來後，洗過澡化好妝，一襲裙子光彩動人，下午時則雷打不動地看上一個鐘頭的書，一杯咖啡配一小份甜點，這習慣不會因任何事讓步。除此之外的時間裡，女主人和其他的家庭主婦一樣，跳進一個盡職盡責的角色裡，去照顧丈夫和孩子們。

我那時工作辛苦，每天都在盼望著能夠在床上躺整天的星期日，自然不理解女主人為何給自己的生活添進種種人為的約束，更無法知道為什麼她似乎比我所有見過的家庭主婦，更從容，更快樂，更優雅。

她從不在食量上放縱自己，亦堅持運動，得以在婚姻七年中保持兩位數的體重，又一直讀書，從未和丈夫的世界脫軌，教育起孩子也溫柔有方。更難得的是，她的神色從容，一雙眼睛流露出發自內心的幸福和滿足，那是中年女人所能擁有的最珍貴的表情。

這和我一直以為的自由有悖，但我很快發現，我那種「每日回家就倒在床上，休息日恨不得一天都在床上度過」的生活，使我變得異常懶惰而不快。我意識到，自己有相當一部分的不快樂正是來自於這種空虛的「自由」裡，它讓我的生活不受控制地走著下坡路，限制了我想成為更好之人的能力，阻礙了我想獲得的那種生活方式。

我突然覺得，這種自律帶來的自由，恰恰就是掌控自己生活的能力。

3

我從二〇一四年開始跑步，至今堅持兩年之久，起初的目的是因為無法忍受對肥胖的厭惡，可漸漸卻發現，跑步給我帶來的更重要的啟發，是讓我意識到了自律帶來的力量。這種時時與自己的惰性對抗，又在一次次抗爭中超越自己的過程，正是自律帶給我的階梯式進步人生。

村上春樹也如此形容過跑步為自己帶來的意義，「人本性就不喜歡承受不必要的負擔，因此人的身體總會很快就對運動負荷變得不習慣。而這是絕對不行的。寫作也是一樣。我每天都寫作，這樣我的思維就不至於變得不習慣思考。於是我得以一步一步抬高文字的標竿，就像跑步能讓肌肉越來越強壯。」

以我自己兩年裡的親身體驗來說，跑步是訓練一個人「自律」能力的很好方式。我曾是一個吃無節制的人，又喜歡過度消耗自己，但跑步讓我成為一個自控力極高的人，令我可以堅持每天早起，準時踏上跑步機，拒絕拖延工作內容，在無論多熱愛的食物面前也能夠控制自己想要放縱的念頭。

在我所結識的跑者中，幾乎所有人的生活都是自律的。大部分人有著規律的作息時間，保持著健康的飲食習慣，甚至對時間也極為珍惜。這種自律，成為很多自由的基礎，也成為很多成功的基礎。

看過一些成功人士的新聞或自傳，發現跑步，或者說自律，是很多人的特點之一：

蘋果公司CEO提姆．庫克凌晨四點半開始發郵件，之後就去健身房。

歐巴馬每週堅持至少運動六天，每次大約四十五分鐘，只有星期日才會休息。

馬克．祖克柏本年的計畫是每天跑步一英里，除此之外他的生活裡還有每個月讀兩本書，堅持學中文。

……

湯瑪斯．寇里創造出「富有的習慣」這個短語，他用五年時間研究了一百七十七個富有人士的生活，發現其中，七六%的富人堅持每天有氧運動三十分鐘以上，也有一半以上的人每天至少在工作前三個小時起床。這大概也是自律的某種形式。

嚴歌苓總結起自己讀過的經典文學作品，也說過：「我發現這些文學泰斗們——無論男女——都具備一些共同的美德或缺陷。比如說，他們都有鐵一樣的意志，軍人般的自我紀律，或多或少的清教徒式的生活方式。」

4

今年年初辭職後，我的生活除了工作內容發生改變，其餘並沒有發生很多的變化。

我依舊早上六點半起床，疊好被子，收拾好房間，去跑至少五公里。回來時換上漂亮衣服，化好妝，坐在書桌前寫至中午，下午時搜集資料，構思文章，回覆讀者，晚間小酌幾杯，讀書或會友。生活裡一切都有秩序，在形勢上和做一份平常的工作，並沒有太大的差別，而自己也從這份自律中得益，保持身材，生活充實，事業穩定，能夠感受自己正掌舵著生活，朝著更好的方向。

偶爾來做客的朋友會把我當作奇葩看待，「那些出門買菜都要化妝的女孩就夠令人費解了，你為什麼在家也要化妝？」

和取悅別人、取悅自己都不同，我深以為這也是一種「自律」。在一天之初穿上漂亮衣服化好妝，整個人乾淨體面的那一刻起，我就知道面對這一天的態度，也應該是如此鄭重而嚴肅的，絕不容有半點懈怠和馬虎。

記得很久前看過康德的一句話，所謂自由，不是隨心所欲，而是自我主宰。

而現在的我更加堅信，自律是一個人在年輕時可以培養的，最有益的習慣。

每個人都有不為人知的經歷，
任何時候都不要不明真相地用尖酸刻薄的語言，
讓他如今的生活更加不容易。

你還沒有回覆我，為什麼在社群動態更了新？

請相信在她的眼中你依舊一如既往地重要，若有事相求她一定在所不辭。

1

我被封鎖了，被一個非常要好的朋友。

當我想起自己已經兩天沒有回覆她，正給她發去問候的時候，螢幕上顯示了讓我摸不著頭緒的話：

「您還不是對方好友，請先發送好友驗證請求……」

我給朋友打去電話，她氣勢洶洶地質問我：「你還沒有回覆我，為什麼在社群動態更了新？」

想起自己在社群動態幫人轉發了一篇文章，卻把她的留言放在了腦後。

幾天前的她發來訊息，她說「在嗎？」她說「幹嘛呢？」她說「你到底在不在啊？」

我盯著螢幕上的三則訊息不知該如何解釋。

電話裡的她語氣諷刺，「是不是我太不重要啊？」

2

早一年前還有這樣的心態，做過類似魯莽的事。

有一位長我八歲的知己，同處於空窗期，兩個人經常聚在一起，閒聊八卦，消磨時間。睡不著的夜晚只要我發去一則訊息，那一端定會瞬間發來回應，我常常在這段關係中，確定著自己的重要。

然而，起初的秒回漸漸變了，變成了半天回，半天回再變成幾天回。

那時她正在做代購，生意剛剛起步，而我除了工作，生活再沒了其他內容。

在一個無聊的晚上，我給她發去若干訊息，全部都沒有回應，卻看到她在網路上發布了保健品的照片。

我頓時發飆，打電話質問她為何「忽視我的訊息」？

她的聲音疲憊，和我解釋，「真的忙，還有數十張照片要發布，一大批客人線上詢問，一堆商品要比價要郵寄……」

我無法理解她所描述的忙碌，一個人在屋子裡賭著氣發著呆，看這段友誼從親熱走向疏遠。

後來我們各自投入自己的生活，因為一些事情再次聯絡起來，我心裡的芥蒂早已散去，也親眼見證了一個人小業主的辛苦，她從每天睜開眼的那一刻起就要開始回覆顧客的諮詢，忙著進貨打包郵寄，還要偶爾去解決顧客的投訴，常常忙到連喝口水的時間都沒有。

成長，就是開始意識到，很多事情未必是自己所認為的那樣。

想想那時我之所以把自己看得太過重要，大概是因為我的生活裡根本沒有什麼重要的內容。

3

我今年才開始體驗真正的忙碌，走上職業寫作者的路，才知道從前對作家閒適生活抱有的想像，竟是一個巨大的謊言。

從五月末開始在微信公眾號上每日更新，日子便更是過出了忙碌的新高度。

每天寫一篇兩三千字的文章，同時擔任紐西蘭華人報紙和中國一家微信公眾號專欄的寫手，再加上偶爾參與合集，每週的文字輸出量在三萬字左右，而除去創作的內容，每天回覆微信公眾號留言，每週讀兩本書，看兩部電影，每週二學日語，經營自己的小生意，日子不允許我有半點悠閒了。

有個朋友曾經和我形容過孩子剛出生時她的狀態。

她說，「特別害怕傍晚的降臨，只要天黑下來，我就知道離給孩子餵奶換尿布止住哭鬧的時候不遠了……」

我笑著點頭，表示無比理解。

每天只要下午三點一過，我就陷入了恐懼與焦慮中，不停地催促自己趕快寫稿子，也不停地確認是否有忘記的待辦事項。

如果這一天到了晚上八點突然清閒，我知道一定是自己忘記做了什麼事，而不是真的可以躺在床上歇一歇。

人為了夢想生活，總是要承擔一些隨之而來的負擔以及必要的犧牲，忙碌所帶來的壓力和焦慮就是我必須要承受的負擔，而人際交往就成了最大的犧牲。

每天早上睜開眼就會看到微信裡二三十個人的留言，微信公眾號後台也塞滿了讀者朋友的詢問，三千字的稿子等待我去寫，構思和計畫等著我去做。

往往在社群平台幫別人分享文章，然後又馬上轉頭去忙更多的事，我真的很想和那個問我「幹嘛呢」的朋友好好聊一聊，但時針匆忙跑著，馬上就要指向三點鐘。

終於體會到一個創業的朋友的心情，「不知道為什麼同學群裡大家都說我冷漠，不能親熱地聊聊天，我很想念他們，但是因為真的很忙，才沒有時間問候誰的早餐和天氣。」

4

喜歡朋友天湖小舟的一句話，「有事就聯繫，沒事各忙各的。」

成人世界裡的友誼理當如此，真正感情牢固的朋友不會計較陪伴的時間，而會在乎陪伴的品質。

所以啊，如果你看到哪個昔日要好的朋友，遲遲沒有回覆你，卻在社群動態更了新，請相信在她的眼中你依舊一如既往地重要，若有事相求她一定在所不辭，也許她只是前所未有地忙碌著，正在為一些人生中的正經事，貢獻著自己全部的力氣。

又或許，也是時候從社群軟體走進生活裡，去尋找你可以為之忙碌的事情了。

你看起來那麼正常，怎麼可能患了憂鬱症

成年之後，一定要做自己喜歡的事，和真正愛的人結婚，
住在一個能給你自由的城市，過那份你覺得不會讓自己後悔的生活。

1

我的母親一生受憂鬱症折磨，這件事我後知後覺。

國外早五十年前就發展了抗憂鬱活動，而二十年間我的家鄉，鮮有人讀心理學科系，幾乎找不到正規的心理診所，更別提那些從不被重視的憂鬱症患者們——

若聽說哪家人心情憂鬱，旁人便會自以為是地評判說，「哎，那就是閒的！」或者「誰不都這樣，挺一下不就過來了？」

我二十幾年都住在那個北國的城市，在那裡不允許有憂鬱症的存在，人們安居樂業，衣食無憂，沒有人肯相信這世間有一種疾病，會比癌症更難以治癒。

我的母親就是那種無知環境下的受害者之一。

母親二十二歲嫁人，二十三歲就生下我，從我記事起她就顯露出情緒不穩的一面。別人的母親在年輕時就知道用胭脂和衣衫打扮自己，可是我的母親，卻幾乎沒有時髦的時刻。

現在想來，只有對一切失去指望的女人才會那樣生活吧：臉在三十歲時就變成土灰色的，頭髮缺失光澤，身體發福，她把那一身顏色暗淡的衣服，穿了一年又一年，穿出了一股絕望的味道。

母親做了幾年的家庭主婦，不知是錢太少的日子，還是和父親的結合本來就是一場錯誤，她很少有開心的時候，只用一種隨時崩潰的心態來生活，連任何一件喜事都可以聯想到最壞的結局。

我的父親為人開朗，喜愛在酒桌上交朋友，我母親卻極度內向，精神敏感而緊張。母親從我出生後的每一個晚上，都用來守在電話前等待父親的消息——父親是六點鐘必坐在酒桌前的人，常常說著「八點回家」而在十二點後才推開家門，而母親打起電話來有一種「偏執狂」的氣勢，即便父親不接，她也非要一遍遍打過去直到父親的手機因為沒電關了機。

她甚至曾經因為父親不接電話而帶著我在凌晨街頭遊走，到各個朋友的家中去找他，那是我幾歲時的夏天，街上黑成一片，只聞得到白晝時市場中留下的腐臭，小小的我抓緊自行車後座，從此成為這家庭裡無止境爭執的見證者。

因為這些與那些，父母經常爭吵，想必那時母親就有了憂鬱的徵兆，爭吵時她最痛恨別人說她「神經病」，父親在家庭矛盾中總是沉默的好人，然而每到吵架時必定會說一句「你就是個神經病！」這之後一定有一齣鬧翻天的景象，連鄰居都會時常來敲門解圍。

記得十歲時夏天的夜晚，父親照例晚歸，失去理智的母親歇斯底里，她打爛家中數個花盆，掀開父親所有的傷疤，披散著的頭髮令她像足了女巫，我的哭喊聲夾雜在爭吵中，我們原本是應該親親熱熱的一家人啊，卻做足了幾個小時的敵人。

午夜時分，父親鼾聲響起，我見母親還沒有進臥室，第六感讓我睡不著，下了床滿屋子去找她。

我在廚房裡找到她，那一刻她站在六樓的陽台上，絕望地抽泣著，正準備往樓下跳。

我哭著擁向她，她也馬上跌下來抱著我痛哭。

我慶幸自己重新擁有母親，可也從那一天徹底失去了童年。

2

母親這樣的執著沒能阻止父親喝酒的決心，她開始把我當作唯一的指望，卻不知道在那十幾年間她都成為我最大的牢籠。

她開始為我設立萬種期待，並借助暴力實現她的發洩，挨打成為了我的家常便飯。

有一次她莫名其妙地對著我發怒，我正坐在寫字桌前沉默地讀書，突然看見母親帶著凳子砸過來，那四支凳腿全是鋼筋材質，我不停地喊著「媽媽我錯了」，拚命躲才使得她停下來。

我一頭霧水，心受重傷，然而母親轉身趴在床上，睡足了兩個鐘頭，醒來後對我說：「寶寶對不起，媽媽剛才心情太不好了，睡一覺就好了。」

這一件事令我無比費解，母親記憶力一向很好，這件事她後來卻怎樣也想不起來，我想那大概是她憂鬱最嚴重的時段，憂鬱讓她失去了理智與記憶，她一次次打我，表情凶狠，在那一刻她不是母親，只是一個病入膏肓的人。

親戚們都知道母親的狀況，很不幸我沒有出自書香門第，只成長於市井家庭，好一部分人都缺失同情心，在背後奚落我那可憐的母親，看足了她的笑話，而母親的兄弟姊妹無一不擔憂著，他們特地找到一家可信的診所，小心翼翼地把心理醫生推薦給她。

可是一個習慣了節衣縮食的婦女怎麼會去那種地方，花足夠支付一家人一整個月的伙食費去聽陌生人分析自己的生活？母親堅定地認為，那樣的花費才是真的「神經病」。

母親就這樣一直挺著，聽旁人時不時裝腔作勢地說：「你想開點！別太小心眼！」

她開始睡不著覺，一宿一宿吃大把的安眠藥助眠，她變得精神恍惚，喜怒無常，連最親近的人都無情傷害，後來那些有著奇怪名字的藥失去效用，她開始靠喝劣質紅酒催眠。

我時常在午夜醒來，看那披頭散髮的女人咕咚咕咚喝進一整瓶酒，暗暗流著淚，那成為我童年時最害怕的剪影。

3

所有人都是家庭的結果，成年後，我發現自己繼承了媽的喜怒無常和爸酗酒的毛病。我酒量奇大，脾氣奇差，越不開心就喝越多的酒，喝越多的酒就越不開心。

這兩種不良的習慣如同爭吵多年的爸媽，它們在我的腦袋裡爭執不休，而我是那個又醉又不開心的受害者，我也繼承了那憂鬱的細胞。

剛開始寫作的時候，承受不了過大的工作量，一度崩潰，半夜驅車去友人的住處，在路上就已大哭不止，我看著那些對面駛來的車輛，哭到方向盤也握不穩，我沒有膽量撞上高速路旁的樹，卻生出很多「被動去死」的想法：我希望那些迎面而來的車子，能夠突然偏離軌道，重重地撞向我，我對這世界曾有過的留戀，也不足以拴住我。

待我抵達朋友家時，還未進門就滿臉是淚：「我真的不想活了……你說我是不是得了憂鬱症？」

她說：「你那麼快樂的人，不可能患了憂鬱症！」她安慰我，這些情緒的起伏都是「瞎想」，我卻在那樣的熱情下，哭得更凶猛。

原來最難過的不是憂鬱的情緒，而是當你憂鬱的時候，沒有人願意去相信，去理解，去嘗試知道，這個平日看起來快樂熱情的人，其實有更陰暗的那一面。

有多少熱情的旁觀者，成了一場疾病的幫凶？

4

我拿自己的童年怨了母親很久，卻因為這樣一件事釋懷。

童年時的某天隨母親去外婆家，剛到門口就聽見裡面的爭吵聲，那是外公的吼叫還有砸向牆壁的「咚咚」聲，母親陰下臉，轉身帶著我離開。

我怯怯地問她，「媽媽，那是什麼聲音？」

母親平靜地說，「那是你外婆拿頭在撞牆。」

她那時說得如此平靜，以至於日後我回想起來竟覺得夢一般。

多年後我開始理解，母親和我一樣，也是家庭的產物，她是一個更不幸的人，帶著自己的童年厄運，從此都在重複那些傷痕。

我不禁想起我那脾氣暴躁的外公，他時而心情甚好，時而把一個個晚輩憎惡得要死，他一生喜怒無常，沒有人知道他的憤怒從何而來。

我記得他在被診斷出糖尿病的晚年，每一天都堅持一個人在煙霧繚繞中度過，醫生建議他少吃水果，他偏偏要吃糖分極高的鴨梨；醫生建議吃素，他偏偏每晚上吃進肚裡一斤肉；醫生說「不能喝酒」，他偏偏在夜晚時大口吞喝高粱。

他走時我還年幼，卻記得他的一雙眼睛是仇恨人間的，他始終帶著他的憂鬱，那是他孤獨地向死亡走去，而我們都成了沉默的幫凶。

然而我可憐的母親，就在那樣的家庭環境裡，從孩童長成了母親。

後來我成年後，她才和我講起這些事情的始末，她說：「從小就擔起家庭的重擔，洗衣煮飯，時時挨打，苦得很。」讀書時成績一直優秀，高中畢業後卻沒能得到好的工作機會，在路上偶遇從前老師的時候，心裡自卑，臉頰不自覺抽搐，「從此，就不想去見人了。」

母親不是不知道自己有憂鬱症，她還以為婚姻能成為拯救，誰知道那接下來的歲月，那原本的愛情使得她更加難過，她愛上的只是丈夫的幻想，而自己又沒有太多作為，在夫家找不到存在感，從不被重視，明明心有不滿，卻不敢發洩……

那天母親和我說了很多，我也在擱下電話後哭了很久，像是終於告別一段痛苦的回憶，也像是迎來一段新生。

母親現在狀態好了很多，串門子，逛街，閒聊八卦，像平常的退休婦女，這是她遲到的歡樂。儘管我只能在南半球遙遙地知道，也安了心。

5

自尊心強的人多少都有點憂鬱症。

年輕男藝人喬任梁的悲劇帶來了更多的回憶，有多少年輕的生命，因為網路暴力，因為無法傾訴，因為不被理解，陷進憂鬱裡久久走不出。

有時候覺得寫作的人也挺受苦的，賺錢少，挨著罵，哪一篇文章都不被人放過。他們說我才疏學淺，說我賣弄學識，說我裝腔作勢，說我死全家吧。

然而我真的不懂，旁人怎麼能期待一個人瞬間努力成仙，寫作之初我便已交代立場：普通人家的女孩，靠自己營生，走過的路都希望和人分享。

從那場憂鬱中掙扎出來，我知道自己不能說「那你來寫呀！」說了就輸了，不是在跟別人的較勁裡輸了，是自己輸給自己了，因為當我頂撞的那一刻，就證明我忘記了，有成倍多的人，還愛著我啊。

我喜歡諾拉．艾芙隆的胸懷，「我不靠別人的喜歡過活。」

憂鬱症足夠痛苦，更痛苦的是你會因此影響到更多的人。這就是為什麼，成年之後，一定要做自己喜歡的事，和真正愛的人結婚，住在一個能給你自由的城市，過那份你覺得不會讓自己後悔的生活。多年前以為這是勵志文，現在只感悟這是真諦。

我一輩子都感激自己從奧克蘭逃離到陶朗加，這是一個超脫世俗的城市，大家做事都是

「快樂就好」。沒有房子，沒有婚姻，沒有錢，那能怎麼樣，你今天快樂就好。

久「病」成醫，我也總結出幾個道理，生活這件事：

用力，但別太賣力。

認真，但別太較真。

拿很多時候去乘風破浪，但也不時嘻皮笑臉一下。

真的，這人生一年年活下去，快樂真的真的比什麼都珍貴。

原來一個人可以找到那麼多方式，
成為那個最好的自己。

你若輸得起，才會贏得到

「爭強好勝」是強者的共性，但輸不起絕對是弱者的態度。

1

我的性格中曾有一處明顯的弱點，太想贏但又輸不起。

十歲時參加學校運動會，不擅長跑步的我最後一個跑過二百公尺的終點線，還未下跑道便急迫地對人講，「我今天鞋子不舒服……」

十四歲時和小我四歲的表弟打牌，表弟聰明伶俐又技高一籌，我眼見他的牌順利出手只剩下薄薄的幾張，我甩開一把爛牌，侮蔑表弟「你耍賴！」

十八歲時因為一次月考成績不理想，我撕碎考卷，趴在桌子上痛哭，哭到聲音嘶啞，哭得驚動了半個班級，甚至生出從教室窗戶跳下去「一了百了」的想法。

……

在那些年裡，已經習慣旁人對我說，「這孩子好強，以後一定有出息。」

卻在後來的日子裡感觸到，「爭強好勝」是強者的共性，但輸不起絕對是弱者的態度。

2

最怕和一種人打交道。

他們問我這樣的問題，「恨死現在這份工作了，一直想換個營生，但是會不會到頭來還不如現在過得好呀？」

他們也說，「我好想出國，做夢都想，但是我家境不富裕，你說我萬一找不到工作，沒辦法養活自己怎麼辦……」

他們也說，「和戀人在一起有些日子了，兩個人相處一般，不是特別滿意，你說我應該分手去找個更好的人嗎，但萬一我找不到怎麼辦呀？」

……

諸如此類瞻前顧後的問題，即便用力去回答，很久之後依舊會看到這樣的情形：大多數人五年之後的生活沒有絲毫變化，做恨死了的工作，和不愛的人結婚，詩和遠方都成了別人的。

到頭來才幡然醒悟，人生哪有那麼多需要擔憂的「萬一」，每一道坎原來都有能跨過去的力氣。

如果當初勇敢面對內心，辭掉工作，奔向遠方，去愛真正愛的人，就算跌倒了也可以再爬起來繼續走，現在的自己還會是這般疲憊嗎？

那是怕輸的從前，卻給了你輸掉的今天。

3

我常說遠行是我的修煉，朋友常問我，「此路收穫多少？」

還沒有什麼值得稱道的成就，路漫漫其修遠兮，但敢輸是我最大的收穫。

五年前的人生，沒有錢沒有永久居留權沒有「輸了就輸了」的霸氣，這幾年吃過苦受過累獨自消化過委屈，從學會「如何贏」，到學會「習慣輸」。

我輸掉過工作，輸掉了青春，輸掉安穩，輸掉愛情，輸掉很多好想法好機會還有十萬分的努力和期待，一度把自己輸到社會的最底層，輸到無人支持的境地，輸回失敗者的狀態……

可即便在最糟糕的時候，我也從未有過逃避放棄抑或是終結人生的消極想法：工作丟了那就找一份更好的，愛錯了就重新開始新的旅途，寫的文章無人看那就默默堅持，創業失敗了那就重整旗鼓再次出征……

我不再是那個輸不起的小女孩，我長大了，並長出一些英雄的氣度，在輸的狀態裡保留贏的信念，大膽去嘗試人生，輸就輸了，那又有什麼關係，只要心懷信念且堅持夠久，我相信自己就能把輸掉的東西一點點贏回來。

從踏上遠行這條路起，我也遇見很多同路人，二十幾歲獨自去遠方闖蕩的年輕人，客觀條件差別不大，我們之中的大多數人都在踏上異鄉土地的那一刻，一無所有，且前途渺茫。

可我開始在遠行的人群中發現，在同等條件下，人與人的生活竟會產生巨大的差別。

無須很久，只需要幾個月的時間，就能看到一種人陷於困境停滯不前，懷抱著「萬一」的憂慮緊緊不放，而另一種人已經跳出了窘境，正在致力於新的生活，哪裡都能成為新生的福地。

如果去看一看兩種人的生活態度，不難發現，前一種人往往顧慮重重萬事謹慎，他們瞻前顧後，極其怕輸。後一種人破釜沉舟勇敢瀟脫，敢輸敢贏，摔倒也跌跤，但偏偏馬上爬起，再一身活力地迎上去。

前一段時間，和兩個久未相見的朋友聯絡，得知幾年前兩個以廚師為夢想的男孩子，一個還在抱怨著那份當年欲辭未辭的工作，一個已經成為了高級餐廳的大廚，在熱氣騰騰的爐灶間給我發來滿是美食氣息的問候。

想起幾年前認識他們的時候，我們都走在夢想的路上，一個萬分糾結地問我，「我這份工作穩定薪水高，萬一辭職去做廚師失敗了可怎麼辦呀？」

一個則爽快地辭掉工作去餐廳洗碗，對我說：「哈哈，等著我從洗碗工成為神廚的那一天！」

4

從前常以為那些如今看起來生活平順事業有為的人一直走運。

後來才發現很多人第一步就輸得極慘。

大衛·芬奇導演電影處女作《異形3》時連自己都無法接納成品，影片備受爭議且相當糟糕。

馬雲早年大學入學考試幾次失利，為生計做過數份工作，創業之初被稱為「騙子」，缺乏資金亦缺少支持。

李安在成為聲名顯赫的導演前，輸掉了自己七年的時光，那七年裡他碌碌無為，靠妻子一個人養家糊口。

最近讀余華的《兄弟》，感嘆其中李光頭從一無所有到坐擁金山的故事，也未必不是真實人生的縮影。

他的人生從貧窮中來，又幾度陷入一無所有的境地，人性中有不被稱道的無賴成分，可我最佩服他每一次失敗後卻能保持著「我會贏」的體面。

「輸就輸了唄，老子再闖一次嘛。」我猜他就這樣想，他摔倒的次數最多，也數他活得最自在，最神氣，最瀟灑。

生活處處是哲學，越來越發覺，「萬一……」與「那又有什麼關係！」不僅是兩種心態，或許也會把你帶到兩種不同的人生。

年輕時最好的事是有夢想，最壞的事是有夢想但又極怕輸。

輸了又有什麼關係呢，摔倒了就站起來，繼續走，一直走到贏的那一刻。

想想今後要發生的那些事，現在的你會不會更努力？

或許這一刻你正坐在學校的自習室裡面，看見身邊三三兩兩埋頭的同學，厚厚的英文課本攤在眼前，筆尖停留在最難的那個單字旁。

你的手機裡出現一則簡訊，閨密無聊約你去逛街，你在未背完的單字和購物商場間猶豫了一下，最終收拾好書包跨出了教學大樓。

你看見那些背著書包戴著耳機口中唸著英文的好學生們從眼前走過，心裡覺得有點愧疚，但又轉念安慰自己，「這樣偶爾不努力一下，也沒關係吧？」

事實上這是你第一百零八次這樣想，也是你第一百零八次這樣做。

你還年輕單純，擁有很多懈怠的瞬間，總是找不到堅持的理由：有時苦惱努力不下去，有時問自己為什麼要努力？有時再使著小聰明地問自己，也許不努力，未來也不見得差到哪裡去吧？

你看到前方有那麼多未知的路要去走，卻不知道自己的未來，終有一天要為這樣閒散的日子來買單。

五年前的我就是這樣的狀態，而我如今只想告訴你：這五年裡我看到以及經歷的事情，時常讓我後悔五年前的自己為什麼沒有更努力。

去愛一個積極的人

一個女人只有過得不好，才去回憶過去。

在分手後的幾年裡，我都一直保持著恨他的狀態。

恨他帶走的快樂，恨他帶走的光陰，恨他已經在新生活裡逍遙，我還活在自己的舊日子裡懷念。

我變成了一個沉默也難過的人，把所有的空閒用來發呆，再用所有發呆的時間用來憎恨。

我的生活過得不好，肥胖，貧窮，缺少愛，無所成就，所有令一個女人不快樂的事情，全都接二連三地降臨在我的生命裡。

一個女人只有過得不好，才去回憶過去。

我常在夜裡半夢半醒，眼淚濕著半張臉，咀嚼他說過的每一句話。

我記得他嘲笑過我的身材，記得他踐踏過我的夢想，記得他的自私，逃避和無情。

我記得他最常說的一句話是「就你?」記得他最常見的表情是微微仰頭鼻子哼出一抹冷笑,記得他的背影多過了他的臉龐。

我在一場場夢裡勇敢地和他對峙,卻在醒過來的那一刻潰不成軍。

我用長久的掙扎原諒了他的不愛,可我依舊痛恨他一直以來罩在我生活裡的負面影響。

旁人含蓄地指出我的變化,「最近看起來很疲憊呀」,「近日的伙食一定很好吧」,「怎麼很久也不看見你寫東西?」

朋友們心疼地看著我變胖,變醜,一雙明亮的眼睛像兩盞被捨棄的燈,倏地黯淡下去。

那一年我從他手中接過一個潘朵拉般的盒子,據說裡面裝有愛情的遺產,我卻在打開它的瞬間被推進漩渦式的命運,那漩渦裡面有迷茫、絕望、質疑,這些讓我沒辦法再對什麼抱有期望。

每每我想為生活裡的什麼做出點努力,卻從盒子裡聽到來自過去的聲音,彷若針扎般戳著我,「你不行。」「你不可以的。」「那麼多人都在拚,你憑什麼覺得能贏的就是你?」

我背負著一段消極愛情帶來的後遺症,它讓一個曾經自卑的我,更加地自卑下去。

直到在深夜的枕邊看到亦舒寫,「無論怎麼樣,一個人藉故墮落總是不值得原諒的,越是沒有人愛,越要愛自己。」

我才在果敢女子的故事中釋懷了自己的一部分,而另一部分的治癒發生在後來和一位女性朋友談心時。

朋友比我大將近十歲，經歷過幾段感情，已經到了催婚大媽眼中釘的年齡，卻從不見她慌張，也從沒見她為愛情苦惱。她一直把自己和生活都經營得很好，我們這些在愛情裡頻頻落水的女孩，常常把她當作岸邊最清醒的救命人。

她皺著眉頭聽我訴說近幾年的苦惱，然後忽然很沒頭沒腦地告訴我：「下次記得去愛一個積極的人。」

我帶著半信半疑的態度去過接下來的人生，竟然真的等來一個積極的人。

他是最普通的那類男子，長相普通，家庭普通，背景普通，看起來並不是別人口中太有前途的男朋友。

可他的身上卻散發著一種獨特的魅力，讓人無法拒絕，那是一種類似陽光的味道。

我未曾預料到，就是這樣的陽光，讓我找到了丟失已久的光明。

我第一次和他約會，餐廳的服務生上錯菜，我把咖啡灑在了牛仔褲上，外面的天氣陰沉得讓人想哭，而我的生活裡又有那麼多的麻煩要解決，我只想趕快吃完飯，回家繼續過一個人的生活。

他好脾氣地和服務生解釋，又把一條濕著的手帕遞給我，然後笑著和我說：「覺不覺得這樣的天氣，最適合喝兩杯熱咖啡？」他擦乾桌上的汙漬，遞給我又一杯咖啡，然後指著窗外問我：「你看那把帶雲朵的雨傘，多好看？」

之後的日子裡都無比慶幸自己因為這個細節和他在一起。

他天性樂觀，喜好分享，又難得是個平和，寬容，理性的人，活得認真又穩重。他是個絕好的男人，有一萬種優點，我最最愛他善於發掘光明的那一面。

他耐心地聽我講述自己的自卑，再把埋藏在我身上的優點一項項地指給我看：「這麼好的人，為何自卑？」

我對他敞開心扉，談人生談夢想，在受阻的時候心有顧慮，他鼓勵我：「不是每個人都有夢想，喜歡就別放棄啊。」

我開始寫作，他一個從不愛好文學只要看書就瞬間睡著的人，送我一張昂貴而寬大的書桌，對我說：「作家就得有點作家的樣子嘛。」

我開始在網路上發表豆腐塊般大小的文章，他第一時間轉發到社群平台，他和別人大大方方地介紹我，他說：「這是我的作家女朋友。」

我是個無人知曉的文字愛好者，可是他那雙眼睛，越過別人種種的質疑，在相信我。

那一刻，我忽然想起來若干年前另一個人和我說：「那麼多人都在拚，你憑什麼覺得能贏的就是你？」

而眼前的他卻在告訴我：「總有人會贏，為什麼不是你？」

他的口頭禪是「沒事的」「會好的」「振作起來啊」，他的人生哲學是有夢就追，不要浪費時間去懷疑自己，他對愛情的態度是兩個人一起努力，有這麼多愛還怕什麼呢？

我們也鬧過很多大大小小的矛盾，他無一次喪失理智，無一次置我於不顧，無一次逃避現實選擇離開。

他讓我意識到那個光明伴侶的意義，讓我覺得沒有什麼事情是解決不了的，沒有什麼想做的事是做不成的，沒有什麼想過的生活是過不上的。

他是一個積極的伴侶，我也在這樣的潛移默化中成為一個積極的人。

旁人再一次看到我的變化，朋友們也為我歡欣，連站在鏡子前的我自己也覺得人生充滿希望，我手中的潘朵拉盒子不見了，我第一次看見自己這麼美好的一面。

很遺憾我們後來因為距離的原因，和平地分了手，沒有幸運到擁有長久的緣分，但我卻收穫了一份長久的影響。

在新書發表的那個時候，他發給我一則訊息，現在還保存在我的微信裡。他說：「我說過的吧？你一定可以。」

我熱淚盈眶，即使愛情失效了，我也毫不懷疑，我身上的自信，樂觀，信念滿滿，這都是來自愛情的印記。

我忽然想起自己二十歲的時候，身邊都是一群愛到天真的女孩，愛起人來都帶著點宿命的味道，還來不及懂得一個消極伴侶所帶來的毀滅性影響。

我們認定所有的女人都因愛而活，以為自己遇見什麼樣的愛情，就是什麼樣的運氣，就算這段愛情把自己榨乾，把自己拖垮，也要死守下去，絕不會主動撒手。

我們愛得太單純，常常忘記自己也有選擇愛情的權利，於是往往在一場消極的愛情裡獨自流眼淚，然後拿「愛就愛了，還能怎麼樣」，來徒勞安慰自己。而如今，受過傷的女孩已懂得，選擇一個伴侶，不僅是在選擇一段愛情，更是在選擇一種生活的態度。

問過一個朋友：「年輕的時候，為什麼愛一個積極的人有那麼重要？」

她說：「因為愛過必留痕跡。」

愛過一個積極的人，我想這是我在愛情中做過的最正確的決定。

去那個能給你自由的城市

尊重對方的選擇，不去別人生活裡挑戰界限感，
這是最大的教養，也是人性中最大的體面。

若把人情世故、世俗約束全部拋開，我內心最深處，一直在尋找一種自由。

這種自由，沒有半點胡作非為的意思，只不過單純地想做自己，想卸下八面玲瓏的偽裝，讓自己任性愛哭的脾氣釋放，想不顧旁人的眼光，認真地做點真正熱愛的事。

然而這樣正當的自由，卻也是不得的。

在家鄉的城市裡生活二十餘年，沒活出什麼親近，倒活出了一股恐懼。我總覺得自己活得像是被推上了舞台的中央，被矇住了眼，限定活動區域，身邊擺滿一杯杯裝著水的容器，遊戲規則就是持續不停地走而不能踢翻一杯水。下面黑壓壓的人群屏住呼吸盯著我，我戰戰兢兢的一舉一動，惹得自己身上冷汗涔涔，卻聽得觀眾唏噓或叫好。

我的家鄉是個人口密集的城市，清晨和午夜都是車水馬龍，但人的脾氣卻活成了一致

的：早戀晚婚是錯的，趕在爹媽老去前生孩子是對的；創業和搞藝術是錯的，一輩子抱鐵飯碗朝九晚五是對的；活得淡然簡樸是錯的，把錢用來撐面子是對的；特立獨行是錯的，把半個身子傾進別人生活裡是對的……你只要做出稍稍一點不一樣的事，就會瞬間有數張大臉逼近你的面頰，「你怎麼可以這樣？」「你應該……」「我這都是為你好……」

我從小到大一直承受著這種世俗文化，家中長輩批示發落來的標準全部落在我頭頂。儘管我有多麼憎惡這一切，卻還是無法掙脫，十歲時我不惜熬壞一雙眼睛力爭班級第一名，十五歲時被告知世界上有那麼多作家但不會是我，二十歲時父母操盡心害怕我找不到工作丟了誰的臉，二十三歲時每次飯桌上都會有人問「有沒有男朋友，應該結婚了吧？」我覺得生命窒息，活著難受。

我常年拿乖乖女的身分作掩護，盡力達到長輩一切標準，討好著每個人的歡心，看起來就是那種旁人眼中特別聽話的女孩子，可誰也不知道，看起來老實又窩囊的我，一直在暗中用很極端的方式處理著與世界的關係——自由即是我的底線。一旦有人和我說「你應該去做什麼……」，我就斬釘截鐵地確定了這段關係的結束，而若一個地方讓我失去自由，我便會即刻離開。這導致我的很多離開貌似突然發生，出乎意料，有點像逃離。

維吉尼亞．吳爾芙說：「走向人內心的路，永遠比走向外部世界要漫長得多。」

我悄悄在心裡挖通著隧道，就像在《刺激一九九五》裡坐冤獄的安迪，用小石錘策劃著逃離的那一天。成人後我逃到了大連，不夠遠，逃到了美國，留不下，逃到了紐西蘭，這個國家肯接納我，遊蕩了幾個城市，我發現自己終於找到了歸屬。

這種歸屬，就是我要的自由，讓我不在乎遠行是苦旅還是煉獄。

我從前對自由只有模糊的概念，抵達陶朗加才踏踏實實感受到。一個人胖是自由，瘦是自由，貧是自由，富是自由，和男人結婚是自由，和女人結婚是自由，十八歲結婚是自由，八十歲結婚是自由，突然辭職去玩音樂是自由，身無分文立志成為百萬富翁是自由，一輩子租房子是自由，一生窮遊流浪是自由，活得八面玲瓏是自由，脾氣倔強古怪也是自由……在這裡，成年之後，你完完全全地擁有掌控自己人生的權利，窮或富，順或窘，悲或喜，自己負責，無人干擾。

中國人有一種觀念，覺得西方人冷漠，現在我倒覺得，這「冷漠」恰到好處。我們常說，一言一行皆是教養，我自認為尊重對方的選擇，不去別人生活裡挑戰界限感，這是最大的教養，也是人性中最大的體面。你是你，我是我，你有難，我第一時間前去幫忙，絕不落井下石，你有福，我默默祝願，絕不上前邀功圖賞。我們負責各自的人生，保持距離，相互尊重。

初到陶朗加時有一次被人問起，「你有什麼夢想？」

那時我每晚去餐館洗碗，連下週的房租還沒有眉目，我扭捏地答：「挺想寫東西的……」

結果朋友紛紛表示，「好棒啊！」「你一定會成為作家！」「好好加油啊！」

沒有人說：「呵，你還會寫東西？」

這件事對我產生了非常深遠的影響。

我那一刻在心裡想：「真棒？成為作家？我也可以嗎？」

我終於活得像個人了，敢於做自己，追求自己想要的東西，不再顧及旁人的眼光，我在這裡做了一些比較瘋狂的事，裸泳，塗鴉，住露營車，走四方，無一件事被人貼上標籤，嘰嘰喳喳地被評判。自由，即做自己的感覺，真的好，我開始相信自己具備實現夢想的能力，也相信有夢想的人應該在自由的城市裡活一次，感受一下，這世界上，車庫裡能出現科技達人，貧窮也能造就寫作人才……偶然間看到一句話，「總有人要贏，為什麼不是我呢？」是啊，世上的生活方式，誰有資格評判正確或錯誤？

和一個朋友聊天，說到觀點和事實的問題，很是喜歡。

他舉了這些例子，比如「馬鈴薯是食物」，這是事實，但「馬鈴薯好吃」，這是觀點。「某某某是作家」，這是事實，「某某某是好作家」這是觀點。很多人混淆了觀點與事實的概念，才讓我們的生活難過。

想想那些年最怕別人苦口婆心地對我說「這是為你好」。

你都不是我，怎麼知道什麼是為我好？你怎麼知道在那看似順從的表面，我的內心不是嚮往著一場暴風雨般的生活？

小時候不太理解大城市的魅力，覺得若要奮鬥去哪裡都好。後來停留北京和上海幾次，我才悟出些什麼道理。每一次路經地鐵或公車站，看見那些朝氣蓬勃的年輕人，忽然明白了為什麼有些人離鄉背井一定要來這裡，也許他們並不是看到了更好的生活的可能，而是來給夢想找到一個健康的生長環境，總有一些城市寬容又自由，充滿夢想的氣息。

如果實現夢想真的有什麼捷徑，我唯一能想到的，就是去那個能給你自由的城市。

去年回國，吃了不下十桌的飯，發現人人都活得特別規矩，紛紛問我同樣的問題。再看看身邊的人，多少我這樣的女孩，就活成了一個固定模式，二十二歲戀愛，二十三歲結婚，二十四歲生孩子，三十歲為了老公出軌鬧離婚，四十歲聽孩子回家講同學們的互相比較，五十歲絮絮叨叨孩子為什麼不結婚讓自己在親戚朋友的面前抬不起頭？這些世俗的標準有一點好，它們安全，讓人擁有一眼即可望到盡頭的人生，卻有一百種壞，讓人失去自己的喜好，熱忱與夢想……

我童年時認識一位叔叔，他是爸爸的朋友，我記得旁人戲謔他是神經病，只因為他愛好藝術，在家中掛著一牆壁的面目猙獰的畫。後來長大後我才發現，那些畫是畢卡索，是藝術，不是神經病。我過了十幾年之後去打聽，才知道，別人說起他，都是這樣的語氣，「四十好幾的人了，還沒結婚呢，開個破計程車，和老媽住一起，沒錢沒房子，誰和他過日子啊！」那一刻我痛恨，顫慄，就像親眼目睹了一場謀殺案。

早年王小波在給李銀河的信裡寫道：「比方說你我是二十六歲的男女，按照社會的需要二十六歲的男女應當如何如何，於是我們照此做去，一絲不苟。那麼我們做人又有什麼趣味？好像舔一只幾千萬人舔過的盤子，想想都令人作嘔。」

自由對一個人的意義不同，人做出的選擇也會有差異。一片麵包，一條毛毯，一點自由，你選哪一個？於我來說，我一定會毫不猶豫地拿走自由。

我們各自選擇，彼此珍重也尊重。

做喜歡的事，
這本身就是一種奢侈。

我二十六歲的最後一天

最大的快樂是去做自己。

昨日預報中的壞天氣如約地來了，大滴的雨在清晨六點砸向露營車的頂棚，吵醒半夢半醒的我，我瞇著眼拉開窗簾，半個夢還留在腦袋裡，窗外這濛濛亮的清晨，透著雨還能看見跑步的人，當地人一向活得生猛熱烈，傾盆雨中連帽子都不戴，露著一截白白的腿從坡路的一端跑向另一端，就這樣沒入一個亮起來的星期日。

這是五月裡一個再平常不過的休息日，也是我二十六歲的最後一天。

我從二十歲之後就不大過生日，身體裡血清素不夠，對什麼都興致不高，一副老態龍鍾的刻板模樣，少女時代有過太過受拘束的人生，長大後竟不會享用自由。我打開電視，在這樣陰暗的早晨，總是想用一個喜劇開始。那部叫做《頭彩冤家》的電影，每五分鐘就有聰明的喜劇因素，那裡面卡麥蓉．狄亞霸氣地對老闆說：「如果這是一份我不愛的工作，那我寧可什麼都不做。」我苦笑，歐美人的生活一向不計後果，姿態濃烈，這濃烈無關生命長久，只關乎這一刻是否快活。我不知不覺地想到了自己的人生，少年時花那麼多年學會討好——討好父母，討好親戚，討好同學，討好朋友……這些年才發現最大的快樂是去做自己，不得不親自再將這討好，當作累贅一般的一點點去拋掉。人生真是有夠累，我總是把很多髒話，留在心裡，講給自己，也只有自己聽一聽。

這週日大概就要這樣過去了，看過電影喝完咖啡再洗漱完畢，已經是早晨九點鐘。冰箱裡空空如也的狀態提醒我三天前就該去超市，我只好穿好衣服，帶著對食物的嚮往開去城市的另一端。這城市裡有三種大型超市，各有千秋，競爭激烈，一個貧窮的中國女孩子始終保持嗅覺的敏銳，從搬來這個城市的第一個晚上，我就能迅速根據三種超市停車場的停車數目而判斷出我自己的歸屬。

我習慣性地在超市公告欄前面停留。你不要小看這公告欄，上面那些租房、賣車、提供工作機會和清理家庭舊物的資訊，曾經讓多少個在異國飄蕩的人，從這裡找到生的喜悅，我到現在還保留這習慣，也就在這一天裡發現那公告欄的角落裡寫著這樣的字跡，「一張舊椅子，免費贈送，連絡人保羅，電話××××××，地址××××××。」

我想起那個幾天前還和我說過「家中缺個椅子無處坐」的朋友，就這樣給這個叫做保羅的慷慨男人打去了電話，那一邊他的聲音疲憊卻清楚，他的英文裡帶著一點本地人獨特的口音，大方地說：「你現在就可以來，我把椅子準備好，謝謝你幫我拿走它。」

我在超市附近一家中餐館買了一份飯和炒麵，一邊在這家中餐館櫃檯服務生惡劣又生硬的態度下接過一份今日的午晚餐，一邊想著，在一個年齡結束前去遇見另一個生命，這是來年很好的開端。

保羅的家很難找，在那一條巷子口的最深處，那裡雜草叢生，木質的房子有了發黴的痕跡。街巷裡走過一隻貓，那貓翹起尾巴，姿態高傲，像是在驅逐一個遠方的客人。我敲響保羅的門，幾秒鐘後他打開門，站在那裡說：「謝謝你能來，請進。」

他的聲音並不蒼老，體態卻呈現出一種病態的疲憊。他大概才六十幾歲，那副藍眼珠已變得渾濁不清，幾綹頭髮懶散地搭在前額，尚且看得出是一個簡單真摯的人。保羅大概從前很高，此刻卻佝僂著身軀看著我，說：「嘿，謝謝你能來，我最近在打包東西，已經送走了一批，有很多人來過，你還是我接待的第一個中國人。」

早前聽說人講，這城市十年前，都是很少遇見中國人的，直到今天這裡的文化還多多少少保持著原本的模樣，看不見大城市成幫結夥的亞洲女孩。我不知道這是褒是貶，點頭說「真感謝你」，眼睛盯著他空蕩蕩的房間裡，用塑膠袋纏起來的包裹鋪散在整個地板上，除去這些再沒有什麼生活的痕跡。他無力地笑笑：「我得了癌症，只剩下六週的時間，孩子們都已經成人，有了自己的家庭，不大來看我了。這些打包的東西，都是給他們留著的不值錢的玩意。」

六週。

這是我所消化的唯一的資訊。我局促地站在那裡，不知該怎樣回應。他得了什麼癌症？為什麼治不好？誰說的只剩下六週？我一概沒資格發問。我從未直接面對一個人的死亡，連家中親戚的病故，爸媽也從來都不帶我去參加追悼。記得國二時外公在舅舅午夜打來的一個電話中去世，媽媽哭腫的臉和爸爸深沉的樣子，以及大姨說「我爸的骨灰都沒有燒得徹底，那大塊的骨頭，看著讓人心疼。」那是我最接近死亡的一次。我對它始終保持恐懼。

我摳著手，緊張而難堪，保羅反倒給我一個輕鬆的笑：「沒關係的，我患病很久了，早就預知到這一天。」

這笑卻令我差點哭出來，明明他是那個不久會告別人世的人。

我竟然聽見自己說：「保羅，你想不想嘗一嘗中國菜？」

保羅哈哈大笑，那笑少了點常人的元氣，卻有著一樣的欣喜，他說：「好呀，我還真的從未吃過中國餐，二十幾歲有過一個中國女朋友，她給我做了份炒牛肉，好吃極了。」

我不知道對於一個只能在這個世界上存活六週的人來說，除了食物，還能有什麼是最好的安慰？大概只有那在胃口中維持不久的食物，才能成全一個人最後的歡喜。我轉頭的那一刻，都能感覺眼淚流出來，吃，竟成為一個生命留下的最後的功能。

我打開車門，把車裡的那份炒飯和炒麵拿出來，還找到一份放在車中好久了的鳳梨酥，這份我出國後才認識的臺灣甜點，沒多久就完全愛上，我把最初的三個吃進肚子裡，剩下的留在車子裡，時間將它風乾了一點，但願還保留著最初的香甜。

保羅的飯量很小，但依舊盡力地吃著，他問我：「真不知道為什麼中國人在飲食上這麼擅長，做什麼都是那麼好吃！」就是這份生的嚮往讓我硬生生把眼淚憋進鼻腔裡。我假裝非常開心，不停地把炒飯炒麵撥給他，把這份開心當作如疾病般可傳染，我想讓這被設定了期限的生命，能夠再延續哪怕那麼一點點。

「你是個好孩子。」我們告別的時候保羅突然這樣說。我把椅子扛進後車廂，保羅輕柔地拍著我的背，就像在做最後一次告別。那屋子裡的牆壁上還有他年輕時和妻子、兒女們拍的全家福，這故事大概我無從知道，他也沒有把它們打包進塑膠袋。

我一下子哭出了聲，在這下著雨的午後，保羅安慰我，大概怎麼也沒想到在生命最後的那日子裡，竟有一個中國女孩子，莽撞地陪他哀悼。

保羅給我一個擁抱，他說：「我覺得疲憊，想去休息了。」這一個下午的奇遇，用盡了屬於今天最後的力氣。他笑著，我給他一個「希望你好好活下去」的吻別。

不知道為什麼，回家的路上我終於停在那個商場的停車場裡，買了那雙等了很久也不打折的鞋，還買了一個巨大的霜淇淋給自己做禮物，並沒有害怕每個晚上要踏上的體重計。我給爸媽打了電話，把最近的生活一一彙報，告訴他們我最近過得非常好，沒有經歷一點意料之外的事情。回家後，我坐在車子裡久久不想出去，廣播裡播放著六七十年代的老音樂，那深沉的音調又惹得人哭一場。我看見車窗外那個有錢的鄰居，開著一輛賓士回家了，他連走路的姿勢都傲慢無禮，我第一次覺得他不煩，連燈也不開，就那樣讓哭出的聲音，刺破了黑暗，為這死亡讓我理解的一切。

這是我二十六歲的最後一天，原本竟以為這是五月一個再平常不過的星期日。

我給朋友發了簡訊，向他說明「嘿，我拿到了一張免費的椅子，這椅子明天再給你」。我把這張椅子拖到星空底下，坐在那上面，面對著街道，像個無所顧忌的神經病。在二十六歲最後一天，我點燃了人生中的第一根香菸，那香菸味道嗆人，真是他X的苦澀。

那從燃著細小火星的一端，一縷縷飄向寒冷夜空中的煙霧，像是開始，也像是告別。

呵，這是我二十六歲的最後一天啊。

高寶書版集團
gobooks.com.tw

GLA 052
人生沒有白走的路，每一步都算數

作　　者　楊熹文
特約編輯　林婉君
助理編輯　陳柔含
封面設計　黃馨儀
內頁排版　賴姵均
企　　劃　何嘉雯

發 行 人　朱凱蕾
出　　版　英屬維京群島商高寶國際有限公司台灣分公司
　　　　　Global Group Holdings, Ltd.
地　　址　台北市內湖區洲子街88號3樓
網　　址　gobooks.com.tw
電　　話　(02) 27992788
電　　郵　readers@gobooks.com.tw（讀者服務部）
　　　　　pr@gobooks.com.tw（公關諮詢部）
傳　　真　出版部(02) 27990909　行銷部 (02) 27993088
郵政劃撥　19394552
戶　　名　英屬維京群島商高寶國際有限公司台灣分公司
發　　行　英屬維京群島商高寶國際有限公司台灣分公司
初　　版　2020年09月

國家圖書館出版品預行編目(CIP)資料

人生沒有白走的路，每一步都算數／楊熹文著; --
初版. -- 臺北市：高寶國際出版：高寶國際發行,
2020.09
　面；　公分. --

ISBN 978-986-361-898-0(平裝)

1.自我肯定　2.生活指導　3.女性

177.2　　109011397